엄마 자격증

아이를 잘 키우고 싶은 초보 엄마를 위한 28가지 조언

엄마 자격증

초판 1쇄 인쇄 2018년 5월 06일
초판 1쇄 발행 2018년 5월 15일

지은이 진이주

발행인 백유미 조영석
발행처 (주)라온아시아
주소 서울시 서초구 효령로 34길 4, 프린스효령빌딩 5F

등록 2016년 7월 5일 제 2016-000141호
전화 070-7600-8230 **팩스** 070-4754-2473

값 13,800**원**
ISBN 979-11-89089-13-9 03370

아이를 잘 키우고 싶은 초보 엄마를 위한 28가지 조언

엄마자격증

| 진이주 지음 |

RAON
BOOK

머리말

내 아이를 주도적이고 자존감 높은 사람으로 키우고 싶은 엄마들에게

아이가 처음 태어났을 때 기억하세요? 목도 못 가누던 아이가 배냇웃음을 짓고 기어다닐 때는 얼마나 귀여운지요. 잠투정할 때는 밉지만 방긋 웃음에 육아의 피로가 사라지지요. 그런데 아이가 유치원에 들어가고 초등학교에 들어갈 때가 되면 본격적으로 자녀교육에 대한 고민이 시작됩니다.

저에게 상담을 받는 가정 중에는 직장에 다니면서 육아를 하는 30~40대 엄마들이 많습니다. 전업맘도 마찬가지겠지만 직장맘들도 어떻게 하면 아이를 더 잘 키울 수 있을지 고민이 많습니다.

내 아이가 다른 아이보다 한글을 늦게 뗄까 봐, 유치원·초등학교 수업을 잘 따라갈까 걱정하고, 또 유치원 교육만으로 충분한지, 영어를 미리 가르쳐야 하는 건 아닌지 공부 걱정을 하지요.

말버릇이나 생활 습관은 어떻게 잡아주어야 할지 하나부터 열까지 고민을 합니다. 아이가 잘되라고 훈육하기 위해서 매를 들었다가, 때로는 욱해서 소리를 치고 나서 후회를 하며 상담을 하는 엄마들이 많습니다. 자신은 부족한 엄마라며 자책을 하는 분들도 있습니다. 이렇게 어떻게 하면 아이를 잘 키울 수 있을까 고민하는 가정과 엄마들을 많이 상담하면서 이들에게 조금이나마 도움이 되는 자녀교육서가 있으면 좋겠다는 생각에 이 책을 쓰기 시작했습니다.

시중에는 유명 의사의 자녀교육 강의법부터, 파워블로거의 아이 키우는 이야기, 부모를 위한 감정 코칭하는 책까지 다양한 자녀교육서들이 나와 있습니다. 인터넷만 찾아봐도 각종 정보가 많지요. 그런데 아이의 예측할 수 없는 성향에 대처하는 방법이나 마음으로 공감하는 법에 대한 책은 찾지 못했습니다. 자존감을 높이는 법에 대한 책들도 많지만 구체적으로 상담 사례가 없는 것이 아쉬웠습니다. 그래서 이 책에는 내 아이가 '자기중심이 잡힌 주도적인 어른'으로 자라게 하기 위해, 자존감이 높은 아이로 키우는 방법을 구체적인 상담 사례를 바탕으로 이야기하려고 합니다.

세상의 모든 엄마들이 그렇겠지만 대한민국의 엄마들도 자녀를 어떻게 올바로 키울까 이런저런 방법을 고민합니다. 그런 엄마들에게 저는 "너무 완벽한 엄마가 되려고 하지 마세요"라고 조언합니다. 완벽한 엄마가 되려고 할수록 엄마도 아이도 스트레스받고 불행해질 수 있기 때문입니다. 부모가 행복해야 아이도 행복해집니다. 엄마가 행복해지는 방법을 먼저 찾으세요. 그래야 아이도 행복하게 키울 수 있습니다.

이 책에 소개하는 자녀교육법이 정답이라고 할 수는 없습니다. 다만 하루에 수백 가지 변수가 발생하는 자녀교육 문제에서 분명 도움되는 방법들이 있을 것입니다.

아이를 다시 키울 수 있다면 더 잘 키울 수 있을 것 같다고 아이가 다 큰 후에야 이야기하곤 합니다. 이 책에는 지금 곁에 있는 소중한 아이에게 조금 더 가까이 다가갔으면 하는 바람을 담았습니다. 저의 미흡한 생각과 글이 엄마란 이름과 존재를 다시 곧추세우는 시간에 조금이라도 도움이 되기를 진심으로 바랍니다. 모든 세상의 엄마들을 응원합니다.

남편에게 고마움을 느낍니다. 항상 나에게 용기를 주는 사랑의 마음이 언제나 나에게는 큰 힘이 되었습니다. 이 책이 나오기까지 많은 격려를 아끼지 않은 딸아이에게도 감사하다는 말과 사랑한다는 말을 전합니다.

좋은 책 출판을 위해 애를 써주시고 소중한 경험을 할 수 있도록 도와주신 라온북 대표님 등 편집부 가족들에게 진심으로 감사의 인사를 드립니다.

끝으로 이 책을 쓰는 데 도움을 준 모든 분에게 고마움을 표합니다.

2018년 봄

진이주

차례

1장

엄마와 아이 모두 길을 잃은 대한민국

책에 나오는 사례의 이름은 모두 가명이며, 나이, 직업, 상황들은 모두 재구성되었습니다.

01

10대의 엄마와 아이들이 달라지고 있다

언제부턴가 우리 사회는 다른 사람의 다름을 수용하거나 공감하기보다 차별화하는 병리적 모습을 보이고 있다. 내가 만나는 아이들 대다수도 차별에 마음과 몸이 지쳐 상담실을 찾아온다. 어릴 때부터 입시 위주 공부가 살아남기 위한 유일한 선택지라고 강요받으며 자란 아이들에겐 옆 친구를 돌볼 가슴이 없다. 친구보다 더 앞으로 내달리기 위해 스스로 더 높은 벽을 쌓아 친구가 볼 수 없도록 해야 할 뿐이다.

여기에 성공의 잣대가 경제력과 지위로 환원되는 세상을 살고 있는 부모들은 내 자식이 경쟁에서 도태되지나 않을까 하는 불안감에서 벗어나지 못하고 있다. 이런 심리는 아이들에게 모든 것을 올인하게 만들었다. 자식 교육을 위해 모든 것을 쏟아붓는 전폭적 지지는 부모 사랑으로 포장되어 아이들에게 전달되고 있다.

헛뒷바라지하는 엄마들

최근 들어 이런 상황을 반영한 신조어들이 다양하게 생겼다. 알파맘, 헬리콥터맘, 캥거루맘, 돼지맘, 골드맘 등. 아이의 미래를 하나부터 열까지 정해놓고 그에 맞춰 교육을 시키면서 일거수일투족을 일일이 챙기며 극성을 부리는 엄마, 그리고 아이를 위해서라면 아낌없이 투자하는 엄마의 모습을 담고 있다. 여기에 무개념 엄마를 일컫는 엄마의 '맘'과 벌레 '충'이 결합한 '맘충'까지.

이 모두는 현재 우리 엄마들의 가치관과 특성을 잘 반영하고 있다는 점에서 우려가 된다. 과잉 개입이나 과잉 통제는 아이의 자율성 침해, 도전정신과 책임감 부족, 위기 대처 능력 부족으로 나타난다. 부모의 열성이 오히려 아이의 정신적 자립을 방해하는 헛뒷바라지를 하고 있는 셈이다. 아이가 심하게 반항하거나 심지어 부모를 때리는 등의 문제행동으로 나를 찾아온 엄마들은 하나같이 자식을 위해 얼마나 많은 헌신과 희생을 했는지에 대해 말하면서 억울해한다. 그러나 아이 행동은 부모가 뿌려놓은 결과물이다.

아이 중심적 과잉보호와 학업 성취에만 내몰려 인성 교육은 뒷전이 된 지 오래다. 다른 사람이야 어찌 되든 상관없이 내 자식만 잘되면 된다는 잘못된 자식 사랑 때문에 타인에 대한 배려심이나 도덕성이 결여되고, 사회적 관계 맺기를 힘들어하는 아이로 키워지고 있다. 아이들은 이런 사랑에 심리적 중압감을 느껴 여기저기에서 병리적 사회문제가 나타나고 있다.

집단으로 한 친구를 괴롭혔던 아이들 중에는 그냥 재미로 놀렸을 뿐이라며 그게 왜 문제가 되냐, 친구끼리 그럴 수 있는 것 아니냐며 내게 반문하거나 변명으로 자신들의 행동을 합리화하는 경우가 많다. 가해 아이들의 부모들은 오히려 별일 아닌 일로 아이들 공부에 방해가 된다며 항의하기도 한다.

학교 화장실에서 자살을 시도했던 중학교 2학년 여학생은 SNS로 자신에 대한 비방 글을 퍼뜨린 친구들 때문에 다른 사람들까지 이상하게 쳐다보는 게 너무 괴로워서 극단적인 방법을 선택하려 했다. 그 여학생은 죽음으로 친구들에게 복수하고 싶었단다. 아무리 해명을 해도 받아들이려 하지 않고, 친해지려고 할수록 더 무시하고, 나중에는 폭력까지 행사하는 친구들을 도저히 감당할 자신이 없었다고 했다.

사춘기 아이들은 보통 친구들과 무리를 형성하는데, 무리를 주도하는 아이의 영향력이 막강해서 나머지 아이들은 그 아이 말을 거절하지 못하는 경우가 많다. 거절할 경우 그 무리에서만 왕따가 되는 것이 아니라 '전따(전교생 왕따)'가 될 수도 있기 때문에 전전긍긍하며 무리에 속하려고 애쓴다. 소셜미디어의 전파성은 문제를 더욱 심각하게 만든다. SNS나 단톡방에 불특정한 인물의 이야기인 척하면서 문자가 퍼져나가기 시작한다. 이후 이야기의 주인공이 누구인지 은근히 암시하는 글이 계속적으로 올라오고 여러 개의 댓글이 달리면서 사실인 양 소문이 나 해당 아이는 무차별적인 따돌림을 당한다. 아이들은 이런 따돌림을 당하지 않기 위해 누군가를 따돌리는 일에 가담하고, 집단화되면서 죄의식도 사라진다.

즐거움을 위해서 친구의 슬픔과 희생을 도구로 삼는 '일그러진 아이들'을 통해 내 아이만 감싸는 이기적인 자식 사랑을 보여주는 '일그러진 부모들'의 책임의식을 보게 된다. 아이들을 경쟁으로만 내몰았지 상처 난 속마음을 보듬어주고 훈육하는 어른들이 없기 때문에 위기 청소년들이 계속 생겨나고 있다.

아이 인생의 주인은 부모가 아니다

요즘 아이들은 꿈이 없다. 부모가 설정한 목표가 바로 자신의 꿈이다. 더구나 물질적 소비의 유혹에 휘둘리는 경향이 심하다. 새 휴대폰이나 값비싼 옷, 신발, 가방 등을 부모가 사주지 않을 경우 훔쳐서라도 가지려고 한다. 최근에 청소년 특수 절도가 많아지고 있는 이유이기도 하다. 이런 아이들을 만나 상담을 해보면 절도를 하든 친구에게서 빼앗든 자신이 가지고 싶은 것을 꼭 가져야 한다는 생각이 지배적이다. 충동성이 강하고 자기조절력이 떨어지는 아이들이 점점 많아지는 안타까운 현실이다.

우리 사회의 소비 지향적 욕망과 금융 자본주의의 민낯이 우리 아이들에게 고스란히 이어지고 있다는 점에서 어른들의 깊은 고민이 필요하다. 물질만으로 자신의 가치와 자존감을 지키려는 아이들에게, 내 아이 본연의 존재가치를 온전히 인정했다고 자신 있게 말할 부모는 그리 많지 않을 것이다. 나 또한 이 질문에 자유롭지 않다. 딸 인생의 주인이 마치 나인 것처럼 관여하고 감시했다.

해를 거듭할수록 아이들의 마음 건강 상태가 심각해지고 있으며, 그 연령도 낮아지고 있다. 이제 잠시 멈추고, 아이의 성공만을 위해 달려가기보다 현재 아이의 모습을 그대로 바라보는 시간을 가져야 한다.

02

세상의 빠른 속도와 변화에 끌려다니는 엄마와 아이들

우리나라만큼 교육 정책이나 대학 입시 방침이 자주 바뀌는 나라가 있을까 싶다. 정책 변화에 따라 교육 트렌드도 시시각각 변화되어왔다.

한때 영어교육의 중요성을 강조한 어느 교육부 장관의 말 한마디에 조기 영어교육 열풍이 불었고, 입시에서 논술 시험 확대로 논술 사교육 시장이 커졌으며, 특목고와 자사고 정책으로 초등학교 때부터 입시를 준비하는 나라가 되었다. 국제학교는 각종 입학 부정을 만들어내는 온상이 되기도 했다. 최근에는 의·약학 전문대학원이나 로스쿨 등에 들어가기 위해 대학 재학 중이나 졸업 후에도 입시를 준비하는 학생들이 많아졌다.

이런 정책은 학교 서열화를 가져왔고, 아이들 서열화로 이어졌다. 얼마 전까지 부모들 입에 자주 오르내리던 말 중 하나가 '전기고', '후기고'였다. 영재학교에서 공부 잘하는 아이들을 제일 먼저 데려가고, 자사고와 특목고가 그다음으로 성적 좋은 아이들을 뽑고, 나머지 학생들은 일반고로 진학하는 순서를 일컫는 말이었다. 학교에 근무했을 때, 특목고 입시에 실패해 일반고에 입학한 아이들을 꽤 많이 보았는데, 이런 아이들이 스스로를 실패한 사람으로 인식하는 것을 보면서 가슴이 아팠다.

낭떠러지로 나아가는 아이, 멈추지 말라고 강요하는 엄마

요즘 부모들은 상대적 박탈감을 많이 느낀다. 내가 자라던 시대에 비해 많은 물질적 혜택을 받았지만, 기회가 균등하게 주어지지 않는 사회 전반의 구조에서 느끼는 상실감이 큰 것으로 생각된다. 이런 사회적 경험의 결과는 내 아이만은 좀 더 특별한 계층으로 상승시키고자 하는 열망을 만들어냈고, 여기에 교육 정책 변화까지 맞물려 한쪽으로 치우친 병든 교육 열풍이 지속되고 있다. 단적인 예로 우리나라 사교육 시장은 연간 20조 원에 육박한다. 가구당 사교육비 부담률이 전 세계 1위다.

한 언론 보도(KBS 뉴스, 2015 OECD 교육지표 보도)에 따르면 OECD 35개국 중 전문대 이상 이수율은 우리나라가 6년 연속 가장 높았고, 대학 진학률도 68%로 1위였다. 하지만 취업률은 OECD 평균보다 7% 낮은 수치였다. 이는 내 자식이 남들에게 빠지거나 뒤처지면 안 된다는 생각에 대학을 보내지만, 대학 졸업장이 아이 삶의 미래를 보장하지 않는 시대가 되었다는 의미다.

하지만 주류를 향한 모방적인 경쟁의 악순환은 계속되고 있다. 낭떠러지가 앞에 있음을 알면서도 그곳을 향해 나아가는 아이들에게 멈추지 말라고 강요하는 엄마들로 인해, 자포자기 심정으로 살아가는 아이들이 늘어나고 있다.

초등학교 6학년 때 고등학교 수학 공부를 시작해서 중학교 때는 수학을 완전히 포기하는 아이도 있다. 너무 이른 선수 학습이 수학에 대한 공포뿐 아니라 공부에 대한 흥미까지 잃게 한 것이다. 어떤 아이는 정말로 공부해야 할 시기에 학교를 그만두고 집에서 은둔형 외톨이로 지내기도 한다. 아이를 향한 엄마의 욕망이 커지면 커질수록 아이는 점점 더 자신만의 세상 속으로 숨어들게 된다.

엄마의 욕심이 아이를 아프게 한다

최근 연이어 일어나는 지진을 경험하면서 고등학교 시절, 지구과학 선생님이 기억났다. 지구와 땅속 구조, 예전의 세계 지형도를 설명하면서 우리나라도 지각 변동이 어떻게 일어날지 모르니 이와 관련된 연구를 하는 사람이 많아졌으면 좋겠다는 말씀을 하셨다. 덧붙여 "무조건 약대나 사대만 가려고 하지 마라. 조금 지나면 약국에서 음료수 파는 날이 올 것이고, 인구 감소로 교사 수도 줄 것이며, 공부도 기계가 가르치는 시대가 올 것이다." 라고 하면서 여러 방면으로 전공을 선택하라고 당부하셨다.

그 당시에는 그다지 와닿지 않는 말이었다. 그때는 누구나 안정적 수입이 보장되고 사회적으로 인정받는 약사나 선생님을 꿈꾸던 시절이었기 때문이다. 경제적으로 크게 도움이 되지 않고, 사회적 인식도 낮은 지구과학을 연구하고자 하는 친구들은 찾아보기 힘들었다. 강산이 세 번 이상 바뀐 지금도 통념적 가치를 직업 선택의 중요한 잣대로 생각하는 태도에는 변함이 없는 것 같다.

친구 중 한 명이 별자리를 관찰하고 싶어서 천문학과로 진학했을 때, 공부 잘하는 아이가 인기도 없는 전공을 선택한 것에 대해 다들 이해할 수 없다는 반응들을 보였다. 자신이 좋아하는 것을 선택하기보다 부모님이 원하고 사회가 요구하는 전공을 선택해야 한다는 사고방식이 주입된 우리로서는 당연히 이해하기 힘든 행동이었다. 이후에 그 친구는 공부를 계속해서 해당 분야에서 인정받는 교수가 되었다.

만약 지구과학 선생님 말씀대로 지구 구조와 우리나라 지층에 대한 연구자가 많았다면 지진 때문에 큰 피해를 입지 않았거나 불안감을 느끼지 않았을지 모른다. 내진 설계, 예산, 훈련 등의 대책이 마련되어 피해를 최소화할 수 있었을 것이다. 오래전부터 해외에서는 한반도가 더 이상 지진 안전지대가 아니라는 연구 결과가 많이 나왔다고 한다. 그러나 우리는 그 중요성을 인식하지 못했다.

교육은 경쟁 속에서 살아남아 지위와 물질을 추구하기 위한 수단이 아니다. 인간다움의 올바른 가치를 전하는 일이다. 하지만 지금은 교육 본연의 정의보다는 교육 트렌드를 잘 읽어내는 막강한 정보력을 가진 엄마 모임에 들어가느냐 못 들어가느냐가 중요하게 여겨지는 시대가 되었다.

엄마들은 사랑이라는 이름으로 세상의 흐름을 좇아가며 아이에게 통제와 억압을 가한다. 누구보다 내 아이가 풍요로운 삶을 살아가길 원하는 엄마들이 오히려 아이들로 하여금 마음의 문을 굳게 닫아버리게 만들고 있다.

변화되는 세상에 끌려다니는 엄마가 되어선 안 된다. 아이 스스로가 진정으로 가치 있고 의미 있는 것이 무엇인지, 그 가치를 따르는 삶이 어떤 것인지 제대로 생각하고 경험할 수 있는 기회를 제공하는 엄마가 되어야 한다. 아이가 자신만큼 살지 못할까 봐 걱정하는 엄마, 아이가 자신처럼 살까 봐 걱정하는 엄마는 아이에게 삶의 정답은 하나라고 가르친다.

2020년대를 살아갈 아이들에게 현재 각광받는 직업으로 진로를 정하도록 압박하는 것은 정말로 안타까운 일이다. 아이의 미래를 부모가 결코 재단해서는 안 된다. 아이들 스스로 자신이 진정 좋아하고 잘할 수 있는 일이 무엇인지 탐색하여 자신이 선택한 길을 갈 수 있는 힘을 길러주는 것이 바로 엄마의 역할이다. 이것은 다양성이 인정받는 가치 있는 사회가 되는 길이다. 엄마의 욕심이 아이의 미래를 보장하는 것이 아니라 아이를 더 아프게 할 뿐이다.

03

4차 산업혁명 시대, 어제와 다른 엄마의 길을 걷다

엄마는 아이가 태어나는 순간, 아이와 같은 나이로 새롭게 살아간다. 엄마가 된다는 것은 또 다른 삶이 펼쳐지는 것에 대한 기대와 두려움을 함께 맞이하는 일이다. 아이가 어린이집이나 유치원, 초등학교, 중학교, 고등학교에 들어가면 엄마도 아이만큼 좌충우돌한다.

이런 경험들이 엄마들로 하여금 육아서나 자녀교육서를 찾게 하는 이유가 된다. 전문가들이 제시하는 방법들을 열심히 숙지해서 시행착오를 덜 겪어 엄마 역할을 잘 수행하고 싶다는 바람이 크다. 하지만 아이를 위하는 좋은 마음은 점점 아이에 대한 걱정의 마음으로 변해 집착으로 이어진다. 물론 이것은 아이를 보호하려는 엄마의 본능이라고 할 수 있다.

그러나 아이에 대한 집착은 엄마의 시야를 좁게 해 아이를 있는 그대로 보지 못할 뿐 아니라, 엄마가 원하는 대로 따라주지 않을 경우 원망하는 마음까지 갖게 만들어 엄마도 아이도 불행해진다.

그렇다면 엄마와 아이 모두 행복한 삶을 살아갈 수 있는 방법은 없을까?

엄마의 마음가짐이 바뀌면 아이의 인생이 바뀐다

엄마가 지닌 마음 중심을 살짝 옮겨오면 되지 않을까 싶다. 세상사 모든 일은 마음먹기에 달려 있다는 뜻을 가진 '일체유심조'는 자녀 양육에 있어서도 필요한 마음가짐이다.

우선 '한 걸음 떨어지기'부터 실천해보자. 아이를 객관적으로 바라보는 것이다. 아이를 자신과 동일시하거나 자신의 소유물로 생각하는 엄마들이 많다. 그러나 냉정히 생각해보면 아이는 엄마의 몸을 빌려서 세상에 태어났을 뿐 독립된 존재이다. 아이에 대한 집착은 불신을 낳고 불안과 화를 가져온다.

아이들의 문제행동으로 나를 만난 엄마들은 "내 몸에서 나온 내 자식이 이럴 줄 몰랐다."라고 말한다. 아이에 대한 집착이 가져다준 당연한 결과임을 알지 못한다. 또한 엄마의 말과 생각을 그대로 따르라고 강요만 하지, 아이에게 스스로 올바르게 판단할 수 있는 기회를 주지 않는다.

엄마가 먼저 아이를 긍정적인 눈으로 독립된 인격체로 바라보아야 한다. 아직 성장 과정에 있는 아이가 부족하고 불안해 보이는 것은 당연하다. 그러나 이런 것으로 엄마의 마음이 흔들려서는 안 된다. 불안한 마음이 든다면 그때마다 '내 아이는 잘할 수 있다. 세상 누구보다도 내 아이를 믿는다.'는 다짐의 말을 스스로에게 하길 바란다.

아이를 긍정적으로 바라보고 신뢰하는 마음을 가지면 아이도 편안한 마음을 갖는다. 상담 마지막에 엄마들이 가장 많이 하는 말이 "내가 마음을 바꾸니 아이가 달라졌어요."였다. 이렇듯 엄마의 마음가짐이 바뀌면 아이의 인생이 바뀐다.

나는 딸이 어렸을 때, 학교나 학원에서 돌아오면 '뭐 배웠어? 선생님 말씀은 잘 들었어?'란 질문을 많이 했었다. 아이가 배운 것을 잘 이해하고 왔는지, 선생님 말씀을 놓치지 않고 잘 들었는지가 항상 궁금했기 때문이었다. 이런 궁금증의 저편에는 아이가 많은 지식을 열심히 익히고 외워서 학교 성적이 잘 나오길 기대하는 마음과 노파심이 있었다.

학교에서 수업을 할 때도 나는 많은 양의 지식을 전달하기 위해 애쓴 선생이었다. 이런 주입식 교육이 아이들에게 공부하는 즐거움을 잃게 한다는 사실을 한참 지나고 나서야 깨달았다.

요즘 엄마들도 당시 나와 다르지 않다. 아이의 학업에 늘 안테나를 세우고, 부족한 점이 있으면 엄청난 시간과 돈을 투자해서 학원으로 과외로 내돌려 학습량을 늘려 성적을 올리는 데 집착한다. 입시와 직결되는 것이 성적이기 때문에 연연해할 수밖에 없는 것도 사실이다.

그래서 예전보다 학업 부담과 경쟁에 대한 스트레스가 훨씬 가중되어 아이들의 불안감이 커지고 있다. 게다가 희망이 없다는 좌절감으로 자살을 선택하거나 학업을 중단하는 아이들도 점점 늘고 있다. 학교를 중단하는 아이들은 자신이 쓸모없는 사람 같아 더 이상 학교에 가고 싶지 않다는 이야기를 한다. 아이들은 성적 때문에 지금 행복하지 않으며, 앞으로도 행복하게 살지 못할 것이라 미루어 단정 짓는 경우가 많다.

앞서 언급했듯이, 대학이 좋은 직장과 성공의 수단이 될 수 없는 시대가 되어가고 있다. **아이 교육의 중심에 있는 엄마들의 생각 혁신이 필요할 때이다. 엄마의 역할이 아이 성적만을 위하는 헛고생이 아니라 아이의 잘하는 점을 관찰하고, 좋아하는 점을 알아보는 방향으로 바뀌어야 한다.**

사소해 보이는 아이의 장점 속에 아이의 가슴을 뛰게 하는 열정의 씨앗이 숨어 있을 수 있다. 이것을 찾아내는 일이야말로 인공지능시대에 맞는 엄마의 할 일이다. 요즘 사회는 천편일률적으로 교육된 개성 없는 사람이 아니라 다양하고 창의적인 사고를 하는 사람을 필요로 한다.

아직도 나에게 아이를 사립학교에 보내야 하는지 공립학교에 보내야 하는지, 언제부터 영어 학원에 보내야 하는지, 공부를 잘하는 방법이 무엇인지 등을 묻는 엄마들이 많다. 다시 한 번 강조한다. 엄청난 변화가 예고되고 있는 지금, 아이가 더 많은 양의 지식 정보를 축적하는 것에만 에너지를 쏟게 해서는 안 된다. **수많은 정보를 아이의 흥미에 맞게 지혜롭게 선택하고, 아이만의 창의적인 방법으로 이용할 수 있도록 키워내야 한다**.

최근 들어 4차 산업혁명에 대한 책과 정보가 엄청나게 쏟아져나오고 있다. 여기에 4차 산업혁명에 맞는 여러 가지 교육 방식까지 제시되고 있어, 요즘만큼 엄마들을 갈팡질팡하게 만드는 시대가 또 있을까 싶다. 코딩 교육의 의무화에서, 토론식 수업의 중요성, 인문학적 상상력, 학문 간의 통섭 교육까지 그동안 엄마들이 가진 고정관념을 깨고 새로운 교육 방식으로 아이를 키워내야 한다는 구호가 엄마의 가슴에 무거운 돌덩어리 하나를 더 얹어놓고 있다.

지금까지도 힘들게 버텨내고 있었는데, 새로운 시대를 맞아 엄마의 정보나 능력 부족으로 내 아이가 혹시라도 도태된 삶을 살게 될까 불안한 마음에 전문가들의 의견에 귀를 기울여보지만, 마땅히 속 시원한 답을 찾기 힘들다. 문제해결형 인재, 상상력과 창의적인 인재, 통찰력을 가진 인재 등 여러 가지가 제시될 때마다 내 아이 미래를 위해 무엇을 어떻게 준비해야 할지 더 복잡해져 마음만 바빠질 뿐이다.

엄마들은 이세돌과 알파고(AlphaGo) 간의 바둑 대결을 보면서 새로운 물결인 산업혁명이 겨우 피부로 와닿기 시작했는데, 거대한 시대 변화에 맞춰 아이 교육을 빠르게 변화시켜야 한다고 하니 어디서부터 해야 되는지 모르겠다고 말한다. 이미 스마트폰과 여러 가지 가정용 기기들에 탑재된 인공지능을 가까이에서 접하면서도 새로운 패러다임에 대해 관심과 대비가 부족했던 것이 사실이다.

기존의 산업혁명과 달리 쓰나미에 비유되는 4차 산업혁명은 이미 시작되었고, 이런 가운데 교육적 패러다임의 변화를 읽어내어 아이들의 미래를 준비시켜야 한다는 사실은 분명해졌다.

이 책에서 미래의 인재상을 제시하지는 않겠다. 이미 교육, 경제, 사회, 문화, 인문학 등 전반에서 각 분야 전문가들이 새로운 인재상과 준비 방향을 알려주고 있기 때문이다. 미래형 인재를 만들어준다는 특정 교육 프로그램에 기대어 불확실한 미래를 준비하기보다는 엄마와 아이가 함께 주체적인 인간으로서 삶의 가치와 지혜에 대한 철학을 만들어가는 것이 장기적으로 봤을 때 훨씬 성장 가능성이 높다. 기본에 충실한 태도는 처음엔 느려 보이지만, 결과적으로 가장 확실하고 빠른 길이다.

변화하는 상황에 발 빠르게 대응해 거기에 적합한 인재를 키워내는 것보다 성숙된 인간을 키워내는 일이 무엇보다 중요한 일이다. 엄마의 철학과 신념이 필요한 시기이다.

엄마 철학 1 : 배려심 있는 아이로 키우자

배려는 다른 사람을 도와주거나 보살펴주려는 마음을 말한다. 지금까지 아이들은 1등만을 강요받으며 키워졌다. 그렇게 앞만 보고 자란 아이는 무조건 다른 사람을 이기려 하고, 자기 것만이 최고라고 생각하는 좁고 차가운 생각에 갇혀 있다. 아이들에게 세상엔 나보다 더 아끼고 보살필 것이 많다는 사실을 알려주어야 한다.

1등이 되려고 기를 쓰고 노력하는 아이는 마음이 건강할 수 없다. 가족, 친구, 이웃을 위해 배려하는 자세를 가진 아이가 많아질수록 우리가 살아가는 세상이 아름다워지고 살기 좋아진다. 다른 사람을 깊이 배려하며 자란 아이는 따뜻하고 넓은 마음으로 세상을 생각하는 어른이 될 수 있다.

얼마 전 강추위에 잠시 정신을 잃고 길거리에 쓰러져 있는 어르신에게 외투를 벗어 체온을 유지시킨 후, 정신을 차린 어르신을 업어서 집에까지 안전하게 모셔다드린 중학생들의 이야기는 배려를 보여준 좋은 예다. 다른 사람의 고통을 함께하는 인간애는 우리 마음을 따뜻하게 한다. 이런 학생들이 바로 미래의 건강한 사회를 만드는 리더가 될 수 있다.

몇 해 전에 지하철에서 겪었던 일이다. 4세 정도의 남자아이가 신발을 신은 채 의자 위에서 여기저기 뛰어다니고 있었다. 아이 엄마는 그런 아이에게 별다른 제지를 하지 않았고, 보다 못한 할머니가 아이에게 "여기는 사람들이 앉는 의자니까 신발 신고 올라가면 안 된다. 그리고 뛰면 다쳐."라고 손자에게 타이르듯 말했다. 그러자 아이 엄마는 할머니에게 화를 내면서 욕을 하고는 다음 정류장에서 내렸다.

아이는 엄마의 뒷모습을 보며 자란다는 말처럼, 예의에 어긋난 엄마를 보면서 아이에 대해 걱정되는 마음이 컸었다. 맹목적 자식 사랑은 아이에 대한 진정한 배려가 아니다. 인간적인 기본 자질도 못 갖춘 아이로 키우는 것이 어떻게 아이를 사랑하는 것이며 아이를 배려한다고 할 수 있겠는가?

질서와 예의를 가르치고 옳고 그름을 교육하는 것이 바로 아이에 대한 진정한 사랑이며, 자식에 대한 배려이다. 미래 사회는 남을 배려하는 따뜻한 마음을 지닌 **인성이 바른 아이가 주인공이 되는 시대**이다.

'배려' 하면 생각나는 그림동화 한 편이 있다. 《장갑》(에우게니 M. 라쵸프 그림, 한림출판사, 2015.)이다. 한 할아버지가 눈 내리는 숲속에 떨어뜨린 장갑 한 짝에 숲에 사는 동물들이 차례로 들어가는 이야기이다. 추위에 떠는 들쥐, 개구리, 토끼, 여우, 늑대, 돼지, 곰까지 자리를 조금씩 좁혀가며 추운 날씨를 함께 이겨낸다.

엄마와 아이가 함께 이 이야기처럼 배려와 따뜻한 인정을 배울 수 있는 경험의 기회를 많이 가져야 한다. 엘리베이터 문을 닫기 전, 잠깐 이웃을 기다리는 것부터 배려는 시작된다.

엄마 철학 2 : 공유를 배우는 공동체 아이로 키우자

똑같은 상품을 대량생산하는 수평적 확장의 시대는 끝이 나고, 앞으로는 무에서 유를 창출하는 수직적 시대가 될 것이다. 개인의 아이디어만으로는 아무것도 없는 것에서 혁신적인 것이 만들어질 수 없다.

마치 자동차가 최대 속도를 내려면 엔진의 기능, 타이어의 바람, 노면의 상태, 교통 신호체계 이 4박자가 잘 조화를 이루어야 하는 것처럼, 서로의 아이디어를 끄집어내어 공유해야 거대한 변화가 생긴다. 공유를 배우는 공동체 정신은 미래 사회를 살아가는 데 매우 중요하다. 경쟁보다는 협동이 성장의 원동력이 될 것이다.

서로를 위해 상생이 필요한 시대에 아이를 함께 키우는 **'우리 동네 공동 육아'**도 좋은 하나의 방법이다. 요즘 아이들은 형제자매가 적기 때문에 더불어 살면서 배우는 갈등의 해결 방법이나 공동체 삶의 소중함에 대해 모르는 경우가 많다. 얼마 전에 종편에서 큰 인기를 끌었던 <응답하라 1988>이나 최근 영화 <택시운전사>에는 동네 전체가 이웃집 아이를 내 아이처럼 돌봐주는 아이 돌보미 역할을 하는 모습이 나온다.

나도 어린 시절 놀다가 친구 집에서 밥도 먹고, 엄마가 바쁘면 이웃집에서 놀기도 하고, 친구 동생을 우리 집에서 잠시 돌보기도 했다. 하지만 점점 독립되고 폐쇄된 형태인 아파트가 늘어나면서 이웃집에 누가 사는지 모르게 되었고, 아동 관련 범죄가 늘어나면서 부모의 불안감도 커져 이웃 간에 서로 불신하게 되고 예전의 모습들이 사라졌다.

공동 육아를 부담스럽게 생각하지 말자. 아이 친구 엄마들이 모여서 육아에 도움이 되는 책을 읽고 토론하거나 아이들의 정서를 키우는 자연 학습을 같이 떠나는 것부터 시작하면 된다. 딸아이가 두 살 무렵, 그림동화를 함께 읽고 토론하는 엄마들 모임에서 활동한 적이 있는데, 그때 그림동화를 보는 눈을 키울 수 있었고, 학교에서 그림동화를 읽어주는 자원봉사를 오랫동안 했다. 기부나 봉사활동을 아이와 함께하는 것도 좋다.

작은 모임에서 규모가 커지면 동네 주민센터, 복지관, 문화센터, 학교의 빈 공간을 활용해서 보육과 교육의 형태를 갖추는 것도 좋겠다. 우리 동네에 숨어 있는 육아나 교육 고수들을 **동네 엄마 선생님**으로 모셔서 활용하는 것도 큰 도움이 된다. 2015년에 여성가족부에서 운영하는 공동육아나눔터가 각 지역에서 운영되고 있으므로 도움을 받는 것도 좋다.

부모들의 육아 경험과 정보를 공유하고 서로의 장점을 살려 아이들을 양육하는 소통의 공간은 부모로서 성장하는 기회가 되기도 한다. 엄마 한 명 한 명의 힘이 모일 때 우리 아이들이 건강한 세상에서 자라날 수 있다.

엄마 철학 3 : 감사하는 마음을 가진 아이로 키우자

대학원 석사 시절, 감사의 절을 상대에게 하는 시간을 가진 적이 있었다. 처음에는 모두가 종교 의식 같은 분위기 속에서 감사하다는 말이 입 밖으로 잘 나오지 않아 힘들어했다. 하지만 감사하다는 말을 상대에게 반복하면서 점점 마음이 가벼워지는 느낌과 함께 눈물이 쏟아져나왔다.

우리는 원하는 것을 성취하기 위해 노력하고 그것이 이루어지는 순간 또 다른 목표를 세워 도달하려고 한다. 성취하는 순간 행복하다. 하지만 곧바로 사라진다. 성취, 성공, 만족, 행복함이 그리 오래가지 않는 것은 감사하는 마음이 없기 때문이다. 지금 내가 이룬 것에 대해, 가진 것에 대해 감사한 마음을 가져야 참으로 행복할 수 있다. 다른 사람과 자신을 비교하는 삶을 살면 불평과 원망이 가득하게 된다. 그러다 보면 자신이 행복하다고 느끼지 못한다.

미래 사회에서는 환경과 상황의 어려움이 여러 가지로 나타날 수 있는데, 이때 자신의 주어진 삶에 대해 감사하는 마음을 가지고 주체적으로 삶을 이끌어가는 아이들은 건강하게 성장하고, 그런 과정 속에서 성공의 스토리가 만들어진다.

요즘 아이들은 별 노력 없이 자신들이 원하는 것을 가져서인지 소중함을 모르고 금방 싫증을 내기도 한다. 이제 아이들에게 습관처럼 감사하는 마음을 가지도록 연습시켜야 한다. 무엇이 감사한지 글로 적어보도록 하는 것도 좋은 방법이다. 감사하는 마음을 가지면 행복해진다.

땅의 신 가이아가 생명을 품어 밖으로 나오게 한 것처럼 엄마도 아이라는 새 생명을 품어 세상 밖으로 나오게 했다. 엄마는 땅이며 생명의 원천이다. 비가 오면 생명이 뿌리를 깊이 튼튼히 내리도록 물을 고르게 흐르게 하고, 찬바람이 불면 땅속에 따스한 기운을 뿜어 얼지 않게 품어주고, 바람이 불면 흔들리지 않게 뿌리를 굳건히 잡아준다. 4차 산업혁명 시대에는 이처럼 아이를 묵묵히 지켜내는 엄마가 행복한 아이, 성공한 아이로 성장시킨다.

2장

요즘 아이들, 단순히 다른 것이 아니다

01

부모의 불화로 상처받는 아이들 : 일탈과 반항

부모의 갈등과 위기로 맨 먼저 희생되는 것은 아이들이다. 인간 삶에서 가장 처음으로 접하는 중요한 사회이며 안전한 울타리였던 가정이 더 이상 아이들을 보호하지 못하고 있다. 부모가 서로를 거칠게 원망하는 모습을 보며 자란 아이들은 불안과 공포를 느낀다. 그때 받은 상처는 어른이 된 후에도 치유되지 않는다.

최근 들어서는 부모의 갈등 상황이 부모 역할의 중단으로 이어지는 경우도 많아지고 있다. 아이들 삶보다 부모 자신들의 삶을 더 중요하게 생각하여 서로 아이들을 책임지려 하지 않는다. 이런 일을 겪은 아이들은 자신의 존재 가치를 부정하게 된다.

부부의 갈등과 아이의 일탈

부모는 자식의 거울 역할을 해야 하는데, 제대로 된 거울 역할을 하는 부모가 갈수록 줄어들고 있다. 안타깝게도 자신에게 비추어지는 부모의 일그러진 모습을 자신의 모습이라 인식하여 삐뚤어진 길로 빠지는 아이들도 많다.

부모의 위기는 아이들을 의기소침하고 무기력하게 만들어 비행과 가출, 폭력, 학업 중단, 약물 복용 등의 위태로운 문제를 일으킨다. 사실 이런 아이들 가슴속에는 두려움이 가득하고 부모님의 사이가 좋아지길 바라는 마음이 더 크다.

초등학교 4학년 원영이가 이런 경우였다. 원영이는 학교 부적응 문제가 심각하여 학교에서 상담을 의뢰해온 경우였다. 나는 문제행동의 원인을 살펴보다, 원영이의 출생 직후부터 부부가 각방 생활을 할 정도로 부부 관계가 좋지 않은 사실을 알게 되었다. 아이는 부모의 갈등을 오랫동안 지켜보면서 혹시 부모가 헤어질까 봐 염려하는 마음이 컸었다. 그러던 중 4학년에 올라와 학교에서 소위 일진이라는 6학년 형들과 어울렸고, 이 일로 부모님이 학교에까지 오게 되었다. 그동안 집에서 말 한마디 하지 않던 부모님이 이후 진지하게 자신의 문제를 의논하자 이 모습을 본 원영이는 자신의 일탈행동이 부모님의 사이를 가깝게 했다는 생각에 계속적으로 말썽을 일으켰던 것이다.

또 다른 사례는 또래관계의 어려움이 심각한 여덟 살 민웅이 이야기이다. 민웅이가 여섯 살 때 부모님이 이혼을 했다. 민웅이 엄마는 30대 중반의 늦은 나이의 결혼이라 아이와 가정을 지키고 싶었던 마음이 컸다고 한다. 그러나 남편의 외도와 경제적인 무능력을 더 이상 견디기 힘들어 이혼을 하게 되었다. 민웅이는 엄마, 아빠가 큰 소리로 때리면서 싸우면 너무 무서워 장롱 속에 들어가 울었던 일을 기억하고 있었다.

부모들은 자신들의 싸움이 아이에게 큰 영향을 주지 않는다고 생각하는 경우가 많다. 하지만 민웅이처럼 아이들은 부모의 이혼 사실보다 이혼 과정에서 심하게 싸우는 모습이 더 견디기 힘들었다고 말한다. 민웅이 부모는 민웅이에게 두 사람의 이혼에 대해 제대로 설명해주지 않았고, 마음의 준비를 할 시간을 충분히 주지도 않았다. 아이가 심리적으로 부모의 이혼을 받아들이고, 함께 살지는 않지만 여전히 자신을 사랑하는 부모가 존재함을 알도록 해주는 것은 매우 중요한 일이다.

이러한 과정이 생략된 경우 아이들은 위기 상황을 만든 부모에 대한 원망과 상실감으로 자신의 모든 행동을 합리화하려 한다. 부모가 자신을 지켜주지 못한 것에 대한 보상심리가 작동한다. 민웅이가 친구들을 괴롭히고 때리는 행동도 이런 이유에서였다.

이혼이 부모나 아이 모두에게 순탄한 삶을 위협하는 것은 사실이지만, 삶을 살아가면서 또 하나의 선택이므로 존중할 필요가 있다고 생각한다. 다만 이혼 과정에서 부모와 아이 모두에게 상처가 되는 적개심이나 분노 감정에 휩싸이기보다는 미래를 설계하는 데 눈을 돌려 좀 더 현명한 방법으로 대처하는 것이 너무나 중요함을 강조하고 싶다.

철없는 부모와 부모자격증

중학교 1학년 수아를 만난 것은 학교 장기 결석 때문이었다. 수아 여동생도 같은 문제로 상담센터에서 함께 의뢰가 된 특이한 경우라 지금도 기억에 많이 남아 있다. 첫 만남에서 수아는 "세상은 다 그렇고 그렇지 않나요? 어른들은 다 자기 하고 싶은 대로 하면서 왜 나는 안 돼요?"라고 당당하게 말했다.

수아의 부모는 2년째 별거를 하고 있었다. 그 사이에 각자 새롭게 만나는 사람이 생겼고, 몇 달 전부터는 아이들이 아빠, 엄마의 새로운 상대를 번갈아가며 만나고 있었다.

수아와 상담한 이후, 몇 차례 부모 상담의 필요성을 알렸지만 수아 부모님이 계속적으로 거부해서 만날 수가 없었다. 일반적으로 부모들은 아이만 상담하길 원한다. 하지만 부모가 상담 과정에 참여하는 것은 아주 중요하다.

이후에 학적 처리 문제로 겨우 엄마만 만날 수 있었다. 수아 엄마는 남편이 새로운 출발을 위해 지속적으로 이혼을 요구하고 있지만 남편에 대한 원망이 커서 합의를 해주지 않은 상태였고,

남편에 대한 복수심으로 자신도 새로운 상대를 만날 수 있다는 것을 보여주고 싶었다고 말했다.

나는 수아 엄마에게 "아이들에게 사전에 엄마, 아빠의 새로운 친구를 만날지에 대해 동의를 구했나요?"라고 물었다. 그러자 수아 엄마는 "애들한테 동의를 구하고 말고 할 필요가 있나요? 쟤들도 만나면서 좋아했는데요?"라고 했다. 나는 수아 엄마에게, "아직 어린아이들이고 가치관이 충분히 형성되지 않은 상태에서 부모들의 새로운 상대를 만나면 아이들은 큰 혼란을 느낍니다. 여러 가지 갈등을 해결하지 못한 상황은 아이들에게 혼란을 가중시키며, 아이들이 성장한 후 자신의 가정을 꾸릴 때 여러 가지 어려움을 유발할 수 있습니다. 그리고 엄마의 삶에도 결코 도움이 되지 않습니다. 덧붙여 부부의 위기를 아이들의 위기로 만들어서는 안 되며, 문제를 해결하기 위해 노력하는 모습을 아이들에게 보여주는 것이 부모의 역할입니다."라고 강조했다. 그러나 수아 엄마는 다음 상담에 오지 않았다.

아이 같은 철없는 부모를 많이 만난다. 자식의 올바른 인격 형성을 도와야 할 부모가 오히려 어려운 상황 앞에서 자신의 감정을 거름망 없이 그대로 표출하거나 책임을 회피하는 경우가 점점 많아지고 있다.

이런 부모를 보면서 부모자격증의 필요성을 다시 한 번 느끼게 된다. 무자질, 무자격 부모는 개인의 문제로 끝나는 것이 아니라 아이, 사회, 국가, 세계까지 엄청난 영향력을 미친다. 아이를 양육하는 데 필요한 최소한의 건전한 자질도 갖추지 못한 채 아이를 아프게 하는 부모가 많아지고 있는 게 안타까운 현실이다.

02

내 생각을 말하지 못하고 도전을 두려워하는 아이들 : 조부모 양육

얼마 전 아파트 게시물에 할아버지, 할머니를 대상으로 손자, 손녀를 잘 키우는 육아법과 효과적으로 공부시키는 방법을 알려준다는 강좌 안내문이 붙은 걸 본 적이 있다. 아이 정서 이해와 대화 방법, 잘 놀아주는 방법, 교과목 지도 방법 등이 소개되어 있었다. 이 안내문 하나만으로도 현재 우리나라의 시대상을 엿볼 수 있다. 새롭게 생겨난 황혼 육아, '할마(할머니+엄마)', '할빠(할아버지+아빠)'라는 말에 제법 익숙해지고 있는 상황인데, 여기서 더 나아가 조부모가 현대적인 육아법을 배우고 익혀야 하는 시대가 된 것이다.

최근에는 '리터루(returoo)족'이란 신조어도 생겨났다. '돌아가다'와 '캥거루족'의 합성어인 '리터루족'은 결혼 후 독립했다가 전

세난과 육아 문제 등으로 부모 집으로 다시 돌아가는 이들을 빗댄 말이다. 리터루족의 증가로 주거 트렌드도 중소형 아파트 대신에 부모와 자식 부부가 함께 살 수 있는 중대형 아파트가 다시 주목받기 시작했다고 한다. 우리나라 경우는 양육부터 노후까지 모든 것을 가족이 책임져야 하는 실정이다. 이런 가운데 조부모 양육 전성기를 맞게 되었다.

'오냐오냐 사랑'은 이제 그만!

여성의 사회 진출 증가로 맞벌이 부부가 급속히 증가하고 있으나, 아직도 양육은 여성의 책임으로 인식되는 사회 분위기 속에서 여성이 직장 생활과 아이 돌보기를 병행하기는 부담이 크다. 여기에 높은 육아 비용까지 더해져 저출산의 큰 원인이 되고 있다. 그러나 여전히 육아보육 정책은 제대로 준비되어 있지 않고, 사회적으로 아이들을 보육할 수 있는 시스템도 갖추어져 있지 않기 때문에 노년을 즐겨야 할 부모 세대들에게 육아에 대한 부담감이 전가되어 자식의 자식을 돌봐야 하는 황혼 육아가 늘어나고 있는 것이다.

2015년 12월 7일 통계청이 발표한 '2015 일·가정 양립지표'에 따르면 2014년 10월 기준 맞벌이를 하는 518만 6,000가구 중 최소 250만 가구 이상이 황혼 육아에 참여하고 있다고 했다. 이것은 맞벌이 부부의 절반이 부모에게 아이를 맡기고 있다는 말이다. 일평균 육아 시간은 8.86시간으로 법정 근로 시간보다 길었고, 맞벌이 가구의 경우, 영아일 때 54.4%, 유아일 때 44.9%가 조부모의 양육 도움을 받고 있었다. 이는 미국의 경우도 마찬가지여서, 2013년 메트라이프 노년사회연구소(MMI : MetLife Mature Market Institute)에 따르면 경기침체와 고령화 추세로 미국에서 손주를 돌보는 조부모들이 10년 사이에 100만 명 이상 급증했다고 한다. 이 수치는 인구통계사상 가장 높은 수치를 기록한 것이라고 밝혔다.

이처럼 현대 사회에서 양육과 교육 문제는 조부모도 함께 해결해야 하는 당면 과제가 되고 있다. 게다가 자식 부부의 갈등과 이혼으로 인해 손주를 맡아 키우면서 경제적 어려움과 육체적 힘듦까지 이중고 삼중고를 겪는 경우도 많다. 이렇듯 조부모가 새로운 육아의 주체로 자리매김하면서, 사회적으로 대리 양육자의 역할에 대한 진지한 조명이 필요한 시점이 되었다. 좀 더 현명하고 슬기롭게 헤쳐나갈 방법들을 함께 고민해야 한다.

우리나라의 경우, 한 세대를 건너뛰어 조부모가 손주와 함께 생활하며 양육하는 '격대(隔代) 교육'이 오래전부터 전승되어왔다. 조선의 대학자인 퇴계 이황은 손자 안도에게 15년 동안 125통의 삶의 지혜와 덕이 담긴 편지를 써서 교육에 힘쓴 일화가 있다. 이처럼 대가족 체계에서 조부모는 집안의 어른으로서 구심점 역할을 하는 권위 있는 양육자 역할을 했음을 알 수 있다.

할아버지, 할머니는 손주들에게 조건 없는 내리사랑과 무한한 지지를 보낸다. 또한 자식을 키울 때보다 마음의 여유가 많기 때문에 양육에 있어서 조급하지 않고 적당한 거리 두기로 관대한 육아도 가능하다. 조부모는 부모와 달리 보상심리가 없어 느긋하게 기다려줄 수 있고, 길고 넓게 보는 안목을 키워줄 수 있다. 무엇보다 세월의 경험에서 축적된 지혜와 경륜으로 안정감 있게 양육할 수 있다는 장점이 크다.

2009년 히브리 대학 연구팀 발표에 따르면 조부모의 사랑을 스펀지처럼 흡수하여 정서적으로 안정되고 밝게 자라며 학교생활에 잘 적응하며 과잉행동이 덜했다. 실제로 미국 유타 주에서 10~14세 아동 408명을 대상으로 한 조사에서 조부모와 함께 생활한 아동이 학업 성취도(87%)와 자기정체성(90%) 향상 등에 긍정적인 효과를 보였다. 또한 조부모와 함께 사는 아이들의 인성과 사회성이 더 좋다는 연구 결과도 이미 많이 나와 있다.

그러나 최근에는 위의 통계 자료나 연구결과와 다른 현상들이 나타나고 있다. 부모를 대신해 조부모가 양육의 모든 책임을 짐으로써 양육에 있어 가족 간의 새로운 갈등 구조가 생겨나고 있다.

2017년 11월 영국 글래스고 대학교 연구 보고에 따르면 조부모의 양육은 좋은 측면도 있지만, 손주들의 나쁜 습관이나 행동에 지나치게 관대하여 건강에 악영향을 미친다고 했다. 이 연구에서 조부모가 키운 아이들은 그렇지 않은 아이에 비해 흡연, 과체중, 운동 부족 등에 노출될 위험이 크고 암 발병률도 더 높은 것으로 나타났다. 이는 조부모들이 고단백이나 고지방 식품을 상대적으로 더 먹이려는 경향이 있고, 과자 등을 보상 수단으로 사용하기 때문이라고 밝혔다.

최근에 상담한 도준이는 장사를 하는 부모님을 대신해서 친할머니가 도맡아 키우셨다. 중학교 1학년인 도준이는 키 180㎝에 몸무게가 80㎏이다. 체구가 이렇게 큰 데도 눈을 마주치지 않고 인사할 정도로 수줍음이 너무 많은 아이였다. 도준이의 이런 모습은 학교 친구들의 표적이 되었고, 학교폭력에 시달리다 나와 만나게 된 것이었다. 건강한 체구의 아이가 학교폭력 피해 학생이 된 점이 의아했었는데, 가족 상담을 진행하면서 그 이유를 알 수 있었다.

어릴 때부터 무슨 일이 생기면 할머니가 모두 해결해주셔서 도준이는 자신이 선택하여 무언가를 한 적이 한 번도 없었다. 밥 먹는 것, 옷 입는 것, 운동하는 것, 친구 사귀는 것 등 모든 일상 하나하나를 할머니 허락을 받으며 자랐다. 할머니의 지나친 사랑이 도준이를 그저 순종하는 착한 아이로 자라게 한 것이다. 새로운 환경이나 어려운 문제가 생겼을 때, 스스로 판단하여 결정하는 능력이 부족했던 도준이는 친구들의 거친 행동에 대해 겁을 먹고 대항할 엄두를 내지 못했고, 친구들은 이런 도준이를 함부로 때리고, 돈을 빼앗고, 이것저것 심부름을 시켰다. 마치 친구를 재미난 장난감 다루듯 했다.

도준이 옷과 얼굴 상처를 의심한 할머니의 추궁에 친구들 행동이 알려졌고, 화가 난 할머니는 학교를 찾아가 항의를 했다. 그 이후에 친구들은 도준이를 더 심하게 괴롭혔다. 손자에 대한 지나친 할머니표 사랑 표현이 오히려 손자에게 마음의 병을 얻게 했고, 세대 간에 갈등을 일으키는 결과를 가져왔다.

상담이 진행되면서 할머니께 할아버지와 같이할 수 있는 취미활동을 찾도록 권했고, 조금씩 손자에 대한 관심을 외부로 돌리는 기회를 가지게 했다. 할머니 손을 일일이 빌렸던 도준이도 할머니 도움 없이 할 수 있는 일들은 스스로 하도록 했다. 또한 아이 양육과 교육의 주체는 부부가 되어야 함을 도준이 부모에게 일깨워주었다. 이후 할머니는 집 근처 문화센터에서 진행하는 스포츠댄스를 배워 새로운 친구들도 사귀고, 공연까지 하게 되셨다.

또 다른 상담 사례인 진우는 분노와 공격 성향이 심했다. 학교 친구뿐 아니라 선생님들에게도 화를 내고 물건을 던지는 행동을 보이는 초등학교 5학년 남자아이였다. 막 태어난 아이는 맞벌이를 하는 부모를 대신해서 할머니, 할아버지 집에서 자라게 되었다. 2주에 한 번 주말마다 진우는 엄마, 아빠 집에 가서 지내다가 일요일 저녁에 다시 조부모 집으로 오는 생활을 하고 있었다.

진우는 어릴 때부터 감정을 조절하는 방법을 제대로 배우지 못했다. 할아버지는 진우가 화를 내면 더 심하게 혼을 내셨고, 할머니는 대수롭지 않게 반응하거나 참으라고만 하셨다. 진우는 마음에 들지 않는 일이 생기면 화로써 자신을 표현하고, 부정적 감정을 다스리는 합리적 방법을 교육받지 못해 점점 더 학교생활에 적응하지 못했다.

진우는 조부모로부터 자신의 감정이나 욕구를 인정받지 못했고, 공감받은 경험이 없었기 때문에 분노 감정이 일어날 수밖에 없었다. 또한 고집을 피우면 들어주는 일관되지 못한 조부모의 양육 태도로 거친 문제행동이 학습화되었다.

나는 진우에게 부모와 떨어져 지내면서 생긴 스트레스나 억눌려 있는 감정을 마음껏 발산하도록 했다. 덧붙여 분노와 상처가 쌓이면 말로써 표현하는 방법들을 하나하나 교육하면서 진우의 문제행동은 조금씩 사라졌다.

지금의 5060세대 조부모들은 우리나라 경제성장의 주역이었고, 자식을 누구보다 잘 키우고 교육시키고자 한 열망이 큰 세대이다. 이들의 자식에 대한 극진한 사랑은 손주 내리사랑으로 이어져 사랑의 정도는 더 뜨거워졌다.

최근에는 고학력과 경제력을 갖춘 조부모가 단순한 육아 도우미에서 손주 매니저 역할을 하는 경우도 많다고 한다. 이런 세태를 반영하는 신조어로 '식스 포켓 세대(Six Pocket Generation)'라는 말이 있다. 부모와 조부모, 외조부모의 6개 주머니에서 나오는 돈으로 자라는 요즘 세대 아이들을 가리키는 표현이다.

조부모의 무한 손주 사랑에 대해 탓할 생각은 없다. 어떤 대가도 바라지 않고 손주가 행복하길 바라는 마음이 얼마나 큰 것인지 잘 안다. 시대의 흐름과 변화로 등장한 조부모 양육에 대한 필요성과 중요성을 알기에, 어떤 방향으로 나아갈지에 대한 진지한 고민이 필요하다. 조부모 양육 또한 아이의 삶에 중요한 영향을 미치기 때문이다.

무조건적인 '오냐오냐 사랑'은 손주가 스스로 생각하여 발전할 기회를 잃게 할 수 있다. 또한 조부모가 무슨 일이든 척척 해결해주는 것에 익숙해진 아이는 성장해서 어려운 문제에 부딪히면 겁부터 내어 도전을 두려워할 수 있다.

조부모는 주양육자가 아니라 보조양육자임을 명확히 해야 한다. 실제적으로 아이와 가장 많은 시간을 보내기에 부모 역할을 하지만, 어디까지나 아이의 주양육자는 부모이다. 아이를 양육하는 과정에서 일어나는 일들을 아이 부모와 공유하고 경우에 따라서는 도움을 요청할 필요가 있다. 또한 아이에 관한 모든 권한에 있어서는 부모 의견이 최우선시되어야 한다.

아이를 위하는 한마음을 가진 조부모와 부모가 함께 양육과 교육의 방향성을 찾는 노력이야말로 아이를 진정으로 사랑하는 방법이다. 이런 모습을 보고 자란 아이는 자존감이 높고, 소통 능력이 뛰어날 수밖에 없다.

조부모를 위한 격대 교육법

조부모와의 갈등으로 생겨난 아이들 문제를 직접 보고 해결해나가는 과정에서 느낀, 격대 교육에서 지키면 좋을 만한 사항들을 제시해본다.

첫째, 손주의 생각을 이해하는 대화 나누기

조부모 세대는 부모의 명령에 순종하며 살아왔다. 이런 습관과 가치관을 손주에게 강조하는 경우가 많다. 그러나 요즘 아이들은 권위에 복종하기보다는 자신의 감정을 숨김없이 표현하는 것에 익숙하다. 따라서 조부모의 경험이나 생각을 강요하기보다는 아이들의 생각을 이해하는 대화가 필요하다.

둘째, 조부모만이 가진 연륜과 경험 가치 스스로 인정하기

손주가 위험한 일을 당해 다치기라도 하면 자식으로부터 원망을 크게 들을 수 있다는 생각에 조부모는 조그만 일에도 간섭하게 된다. 또 지난 육아 경험의 실수가 떠올라 미리 아이의 행동을 제지하는 경우도 많다. 아이의 행동을 기다려주기보다 다그치는 부모와 다르게, 오랜 경륜으로 여유가 있다는 것이 조부모 양육의 장점이다. 시간적인 여유가 있는 조부모들은 아이가 그

일을 성공적으로 수행하기까지 기다려주기 때문에 손주의 성장에 도움이 크다. 이런 점에서 자녀들의 눈치를 보기보다 육아 선배로서 가진 경험 가치를 스스로 높이기 바란다.

셋째, 조부모가 가진 고정관념 벗어나기

조부모들은 자신에게 익숙한 육아법이나 교육관을 고집하기보다는 새로운 방법들을 받아들이려는 마음가짐이 필요하다. 평생교육원이나 문화센터 등에서 진행하는 육아 관련 강의를 듣거나 전문가들이 집필한 육아서와 교육서를 참고할 필요가 있다.

넷째, 손주에게 자신감을 심어주는 격려와 칭찬하기

상담 현장에서 만난 조부모들 중에서 자녀를 키울 때, 칭찬을 많이 하면 버릇이 나빠질 수 있다는 생각 때문에 격려의 표현을 자제한 경우가 상당히 많았다. 이것은 손주 양육에서도 나타난다. 손주의 작은 행동에도 칭찬하고 함께 즐거워하는 모습을 보여주는 것이 필요하다. 다만, 일관되게 격려하고 구체적으로 칭찬하는 말을 해야 한다.

다섯째, 무조건적으로 손주의 요구 다 받아주지 않기

자식이 아니라 손주이기 때문에 쉽게 일어날 수 있는 문제이다. 그러나 올바른 아이로 키우기 위해서는 반드시 훈육이 필요하다.

여섯째, 손주 앞에서 부모 흉보지 않기

조부모는 자식들과 갈등이 생기면 손주 앞에서 부모의 흉을 보거나 불만을 손주에게 푸는 경우가 많다. 상담에 온 아이들이 가장 싫었던 경험은 할머니, 할아버지가 자신의 부모를 부정적으로 얘기할 때라고 했다. 그럴 때는 집을 나오고 싶은 마음까지 든다고 한다.

일곱째, 건강한 정신과 몸 유지하기

아이가 어느 정도 성장하기까지 많은 에너지가 필요하기 때문에 먼저 조부모가 건강해야 한다. 육체적인 건강 못지않게 정신적인 건강도 성공적인 격대 교육에 중요한 요소이다.

여덟째, 손주의 멘토 되어주기

조부모는 부모가 알려줄 수 없는 전통이나 문화유산을 전해줄 수 있다. 이런 교육은 현대사회에 결여되어 있는 도덕성이나 인간성 등을 회복하는 데 중요한 역할을 할 수 있다. 조부모와 함께하는 다양한 체험과 경험은 세상을 보는 폭을 넓혀준다.

아홉째, 구체적인 육아 규칙 정하기

대부분의 조부모 세대는 손주에게 올인하다 보니 자식들과 갈등이 생기게 마련이다. 육아에 있어 건강한 경계선을 만들어야 자녀-부모가 불필요한 오해나 서운한 마음이 생기지 않는다. 그리고 명심해야 할 것은 육아에 대한 중요한 의사결정은 결국 조부모가 아닌 엄마, 아빠가 주도적으로 해야 한다는 사실이다.

03

혼자여서 불행한 아이들

왕따나 집단따돌림, 학교폭력이 사회문제가 되자, 요즘은 훈육으로 해결되었던 범위를 벗어나 법적인 차원으로 접근하는 경우가 많다. 학교폭력 특별법이 만들어졌고, 학교 전담 경찰관 제도가 생겼다. 그리고 선생님이 되고자 하는 사범대나 교육대 학생들은 학교폭력 예방 교과를 필수 과목으로 이수해야 하는 등 교육계 전반의 제도에도 영향을 주고 있다. 심각한 점은 이러한 문제들이 이제는 초등학교에서도 만연하다는 사실이다.

아동과 청소년 상담에서 친구 문제는 단골 주제이다. 사춘기 아이들이 가족과 부모와의 관계보다 친구와의 관계에 더 관심을 가지는 것은 지극히 정상적인 발달 단계라 할 수 있다. 하지만 친구 문제를 지금까지 알고 있던 인간의 성장 과정 중 하나의 통과

의례로 다루기엔 최근 문제의 정도나 형태가 심각하다.

사춘기 아이들을 상담해보면 따돌림을 받는 아이나 주변에 친구들이 많은 아이나 모두 하나같이 외롭다고 말한다. 왜 이렇게 말할까? 사춘기 아이들은 왜 자꾸 집단을 만들어 그 안에 끼어 외로움을 피하고 싶어 하는 걸까? 사춘기가 성장 과정에서 특히 외로움을 잘 타는 시기임을 알고 있지만, 병리적인 방법으로 외로움을 이겨내려고 해 너무 안타깝다. 집단따돌림이나 학교폭력 그리고 자해, 자살 등의 방법으로.

'바보 같은 아이니까.' 나만 그런 게 아니야!

중학교 1학년 민주에 대한 기억이 난다. 처음 상담에서 만난 민주는 무기력하고 우울한 상태가 심해 병원 진료와 상담을 병행했다. 민주는 중학교에 입학한 후, 이유 없이 친구들로부터 따돌림을 심하게 받아 자해를 여러 번 시도했다.

민주 엄마는 민주가 중학교에 입학한 뒤부터 자주 울고 신경질적인 모습을 보여 '사춘기라 좀 예민해진 거겠지?'란 생각에 대수롭지 않게 넘겼다. 그런데 얼마 후 민주의 손목에 여러 자국의 베인 듯한 흔적과 남아 있는 상처가 우연히 칼에 베인 모습이 아닌 것 같아 다그쳐 물었다. 그랬더니 친구들이 자기를 싫어해 죽고 싶다는 생각에 커터로 손목을 그었다고 했고, 이 말에 놀란 엄마가 상담실을 찾은 것이다. 초등학교 때까지 활발하고 전교 부회장을 할 만큼 리더십도 있던 아이에게 이런 일이 생길 거라고 생각도 하지 못했다고 한다.

민주 엄마는 속상한 마음이 커서 처음에는 민주를 혼냈다. "네가 어떻게 행동했기에 친구들이 너를 따돌려." 이후에는 친구들을 집으로 초대하거나 맛있는 것도 사먹으라고 용돈도 올려줬지만, 다 그때뿐이었다. 민주는 부모의 사랑을 많이 받으며 심리적으로 안정되게 자란 아이였다. 친구들의 이유 없는 따돌림과 친한 친구들이 이런 자신을 모르는 척 방관하는 모습은 세상 속에서 혼자 남겨진 느낌을 들게 했다. 민주는 상담시간에 자신의 감정을 진솔하게 느끼고 안정적으로 해소하는 방법을 경험하면서 조금씩 자기 존재의 중요성을 깨달아갔다.

예전에는 지저분하거나 힘이 약한 아이들이 따돌림의 대상이 되곤 했다. 하지만 요즘 들어서는 외모, 성격, 학업, 부모 직업, 가정 형편 등 다양한 이유가 있다. 아예 이유가 없는 경우도 많다. 그냥 눈빛이 마음에 안 들어서, 목소리가 이상해서, 그날 기분이 나빴는데 그 애가 내 옆을 지나가서 등.

처음 왕따를 당하면 대다수 피해 아이는 '내가 왜 왕따를 당해야 하지? 나한테 문제가 있나?'라는 생각을 가장 많이 한다. 또 학교뿐 아니라 집에서도 문제를 해결해줄 사람이 아무도 없다는 생각에 말을 하지 않는다. 이런 시간들이 길어지면서 민주처럼 마음의 병이 깊어진다.

사춘기 아이들은 또래관계에서 인정받기를 원하고, 그 속에서 자기 이미지를 재정립하기도 한다. 이런 시기에 또래문화에 끼지 못하면 자신을 부정적으로 평가하게 되고 자존감도 낮아져 우울해진다. 그리고 자신이 중요하게 생각하는 관계 속에서 친근한 상호작용을 경험할 수 있어야 외로움을 느끼지 않는다. 특히 아이들에게 친구관계는 중요한 자리를 차지한다. 그래서 아이들은 학교에서 함께 있었던 것으로는 모자라 집에서나 학원에서 끊임없이 문자 메시지를 하거나 다른 친구들의 SNS를 뒤지고 남의 일상을 수집하기도 한다.

지금처럼 발달된 커뮤니케이션 매체가 없었던 예전에는 하교 후 잠시 떨어져서 친구와의 사소한 일상들을 되돌아보면서 자신의 잘못된 점, 친구에게 서운한 점, 해결할 방법 등을 생각하는 여유가 있었다. 하지만 지금은 24시간 열린 공간에서 친구의 말에 즉각적으로 반응하고, 깊은 대화를 나누는 관계보다는 피상적인 관계만을 형성한다.

초등학교 고학년만 되어도 크고 작은 집단을 형성하여 끼리끼리 뭉쳐 다닌다. 한 집단 속에서도 주류와 비주류가 있다. 아이들은 자신이 어떤 무리에 끼지 못할까 봐 두려워하는 마음이 크기 때문에 집단 리더의 눈치를 볼 수밖에 없다. 친구를 집단적으로 폭행하거나 남의 물건을 훔치는 일 등과 같은 도덕적으로 문제가 되는 일도, 집단원에서 밀려나게 될지 모른다는 두려움 때문에 저지르게 된다.

혼자 있으면 더 외로우니까 이런 잘못된 집단이라도 함께하기를 원한다. 집단따돌림을 보면서도 방관하는 아이들의 심리 역시, 따돌림을 당하는 아이가 '바보 같은 아이니까' 그리고 나만 그런 게 아니라는 자기합리화로 죄의식을 희석한다.

이런 아이들 모습에 혀를 내두르기 전에, 내 아이에게 위로나 지지를 진심 어린 마음으로 얼마나 해주었는지를 점검해볼 필요가 있다. 아이 말을 듣기보다 부모인 내 말만 하지 않았는지? 함께 어울리는 방식을 가르치기보다 내 아이에게 지나친 학업 위주의 경쟁의식만을 강조하지는 않았는지? 질문하고 또 질문해야 한다.

엄마의 기준으로 아이의 친구를 판단하지 마라

인간관계에 있어 부모의 경쟁적인 태도는 아이들에게 관계에서 갈등이 생길 경우 서로 타협하여 문제를 해결하는 조절 능력이나 인간에 대한 예의, 윤리관 등을 배울 기회를 앗아갔다. 또한 친구관계의 단절로 겪는 심적 괴로움을 표현할 수 있는 소통의 장을 마련해주지 않아 아이 혼자 외로움과 고통을 고스란히 겪어내고 있다.

화장하고 친구들이랑 놀러 다니는 아이들, 친구를 괴롭히는 아이들, 친구에게 왕따를 당하는 아이들. 이 모두는 외로운 감정을 표출한 우리 아이들의 모습이다. 아이들의 외로움에 대해 옳고 그름을 논하는 것이 아니라, 소통 부재인 이 시대의 구조적인 문제에 대해 우리는 깊이 논할 필요가 있다.

예전에는 여러 명의 형제·자매 그리고 삼촌·고모·이모가 함께 살아 소통할 기회가 많았다. 이들은 인생 선배로 학교생활의 어려움이나 고민거리, 친구관계 등에 대해 조언을 받을 수 있었다. 그런데 지금은 바쁜 맞벌이 부모, 핵가족, 학교 선생님과의 대화 시간 부족 등으로 아이들이 외로움을 소통할 방법이 없다.

정신과 의사 설리번(Sullivan)은 사춘기 초기에 아주 친밀한 또래집단이 필수적으로 존재해야 하고 만약 그런 또래집단이 없을 경우 발달과 성숙에 좋지 않은 영향을 미쳐, 후에 심각한 마음의 병을 얻을 수 있다고 말했다. 우리 아이들은 어느 나라 아이들보다도 또래와 함께하는 시간이 길다. 그만큼 또래로부터 많은 영향을 받을 수밖에 없다.

이런 아이들에게 부모는 친구 때문에 시간을 허비해선 안 된다며 지나친 간섭을 했고, 다양성에 대한 존중보다 경쟁에서 이기는 방법만 가르쳐왔던 것이 사실이다. 그 결과 아이들의 외로움이 무기력으로 이어지고 이것은 분노 사회로 이어지고 있다. 지나치게 내몰린 경쟁과 성취 위주의 사회구조, 인간관계를 필요와 불필요의 잣대로 이용하는 이기심, 그리고 대화가 통하지 않고 아이를 잘 받아주지 않는 부모. 이 모두는 아이들을 심적으로 공허하고 헛헛하게 만든다.

이제부터라도 내 아이만을 감싸 안는 태도에서 벗어나야 한다. 그래야 내 아이를 둘러싼 환경도 변해서 내 아이가 외롭지 않게 된다. 진정으로 내 아이에게 편안한 마음을 느끼게 하고 싶다면 내 아이 친구들부터 관심을 가져주길 바란다.

유대인들은 아이 친구를 볼 때 가능성과 소질 그리고 개성을 가지고 있는가를 먼저 살펴본다고 한다. 그리고 한 번 맺은 또래 관계는 끝까지 유지되도록 교육시켜 참다운 교우관계의 의미를 가르치려고 한다. 아이에 대한 욕심이 너무 지나쳐서 친구까지도 가려서 사귀게 하는 우리 엄마들과는 참으로 다른 모습이다.

절대로 엄마의 가치 기준으로 아이의 친구를 판단하지 않아야 한다. 어릴 때부터 다양한 친구와 어울릴 수 있는 기회를 많이 만들어주는 것은 외롭지 않은 아이로 자라게 할 뿐만 아니라 자신의 발전에 밑거름이 되는 매우 중요한 일이라 할 수 있다.

04

자존감 찾아주느라 예의 배울 때를 놓친 아이들

우리 사회는 경제발전을 우선하다 보니 어느 틈에 많은 것들의 순서를 어긋나게 되었고, 그 결과 여러 가지 사회적 문제가 양산되고 있다. 그 어긋난 순서 중 하나가 공공질서와 인간에 대한 예의범절이 아닌가 생각한다.

어느 여름날 무더위를 피할 겸 해서 아파트 놀이터에 나갔다. 시원한 물줄기를 내뿜는 분수까지 있어 놀이터에는 꽤 많은 아이들이 놀고 있었다. 아이들의 깔깔거리는 웃음소리에 잠시나마 더위를 잊을 수 있었다.

그렇게 놀이터 풍경을 한참 동안 보고 있는데, 한 엄마의 모습이 눈에 들어왔다. 조금은 유행에 뒤떨어진 옷을 입은 예닐곱 살 여자아이와 놀고 있는 자신의 딸에게 다가가서 같이 놀지 말라며 딸을 데리고 나와 같은 아파트에 사는 또래와 놀게 했다. 내 주변에 있던 아파트 엄마들은 인근 주택가 아이들이 놀이터에 자주 놀러 오는 것에 대해 불평을 늘어놓았다.

그 아이는 처음에는 무슨 영문인지 모르는 표정으로 서 있다가 같이 놀러온 주택가 언니, 오빠와 집으로 돌아갔다. 돌아가는 아이들의 뒷모습을 보면서 씁쓸한 마음을 감출 수 없었다. 한창 자라나는 아이들에게 마음의 상처가 될까 염려되는 마음과 언제부터 이렇게 아이들 놀이 문화까지 서로 다른 환경으로 구별 짓게 되었나 싶어 안타까웠다.

아이의 자존감? 엄마의 욕망?

최근에 대학원 은사님과 점심식사를 하러 간 적이 있었다. 나이 지긋한 손님이 많아 점심시간에도 꽤나 조용한 분위기에서 식사를 할 수 있어 가끔 가는 곳이다. 그런데 그날은 식사를 중간 정도 했을 무렵, 세 명의 아이가 식당 여기저기를 뛰어다니며, 한 아이가 탁자 밑으로 들어가고 다른 아이도 따라 하다 부딪쳐서 울고 한참을 그렇게 소란스러웠다.

지켜보던 은사님이 아주 점잖은 목소리로 아이들에게 '밥 먹는 식당에서는 뛰는 것이 아니다'라고 말했는데, 그 말을 들은 한 엄마가 왜 아이 기를 죽이느냐, 애들이니까 좀 떠들 수 있지, 당신네 손자들은 조용히 밥만 먹느냐면서 소리를 질러 댔다. 보다 못해 한마디 했다가 큰 봉변을 당했다. 공공질서를 지키는 일이 내 아이 기죽이는 일이라고 생각하는 엄마들을 보면서 '맘충'이란 단어가 괜히 생긴 게 아니라는 생각이 들었다.

우리나라 합계출산율은 2017년 기준 1.05명으로 세계에서 꼴찌 수준이고, 저출산 문제는 이제 국가적 문제로 이슈화되고 있다. 아이를 한두 명만 낳다 보니 아이에 대한 엄마의 욕심이 과도하게 커지고 있다. 싫은 소리 한 번 하지 않고, 무엇이든 다 들어주는 양육 방식으로 키워진 아이들은 가정교육은 물론 기본적인 예의범절조차 부족하다.

현재 대한민국은 훈육이 사라진 분위기다. 정말 심각한 문제가 아닐 수 없다. 아이가 하고 싶은 것은 무엇이든 다 하게 해주고, 잘못한 것은 눈 감고 모른 체한다. 엄마는 무조건 '예스'만 한다. '노'를 하면 아이의 자존감이 떨어진다고 생각하는 엄마들이 많다. 내 아이를 왕처럼 대하는 '엄마병'에 걸려 있는 것은 아닌지 자문해보아야 한다.

공공장소에서 아이가 뒹굴고, 아수라장을 만들어도 마냥 대견스러운 눈빛으로 바라보는 엄마들은 행여 우리 아이 기죽을까 싶어 말리지 않는 것이다. 아이에 대한 무조건적인 허용은 공공질서와 예절을 무너뜨린다.

대형 마트에서 아이가 이것저것 물건을 만지고 그냥 가지고 나와도 아이라서 그렇다면서 크면 괜찮아진다는 막연한 생각으로 허용한다. 사고 싶은 물건을 사려면 돈을 내야 한다는 사회적 약속을 어릴 때부터 가르쳐야 한다. 공공장소에서 무질서한 행동을 하면 확실하고 엄하게 제지해야 한다. 이것은 아이 기를 죽여 자존감을 무너지게 하는 것이 아니라 절제를 배우게 하는 것이다. 아이가 하고 싶은 대로 떠들고 싸우고 부수고 하는 일은 사람이 지켜야 할 기본을 지키지 않는 행동이다. 이것은 아이 자존감을 핑계로 하나뿐인 내 자식 기를 살리고 싶다는 엄마의 욕망이 내포된 모습이다.

아이의 자존감은 남의 눈치 보지 않고 마음대로 한다고 높아지는 것이 아니다. 오히려 이것은 자기 조절 능력을 떨어뜨려 타인으로부터 외면받는 사회 부적응아로 자라 자신은 사랑받을 가치가 없는 사람이라 여기게 만든다. 또한 아이가 행여 기가 죽을까 봐 무리해서 요구를 다 들어주면 어려운 일을 스스로 해결하는 능력이 길러지지 않는다. 몸은 어른이지만, 생각이나 행동은 어린아이와 같은 '아이 어른'이 많은 이유이기도 하다. 아이의 자존감을 높이기 위해 무조건 기를 살리려는 엄마의 극성이 결국 아이를 망치는 원인이 된다.

재능은 뛰어난데 버릇이 없다면

언제부턴가 예의범절은 고리타분한 유교시대 전유물로 취급되기 시작했다. 충, 효, 예 중에서 예는 사회성에 영향을 미친다.

예의 바른 아이는 사람들로부터 칭찬을 받아 자신감과 자존감이 높아지며, 사회적으로 인정받는 사람이 될 가능성이 커진다.

최근에는 기업에서도 예의범절이 뛰어난 인재를 중요시한다고 한다. 학벌과 스펙보다는 겸손한 자세로 팀원들과 잘 소통하는 사람을 선발하는 것이 좋은 성과를 만들어내기 때문이다. 이제는 이런 사람들이 성공할 가능성이 더 높아지는 시대다.

그런데 여전히 공공질서와 아이의 자존감을 결부시켜 오히려 아이들을 문제아로 만드는 엄마들이 있으니 안타깝다. 내 아이가 남의 눈살을 찌푸리게 하는 행동을 내버려두면 안 된다. 예절을 제대로 가르치지 않는다면 엄마들이 그렇게 원하는 성공한 아이로 자리매김할 수 없다. 그러므로 아이가 사회 구성원으로 자리 잡을 수 있도록 기본적으로 지켜야 할 공공질서와 예절의 중요성을 어릴 때부터 가르쳐야 한다.

귀한 아이일수록 엄격한 교육을 통해 좋은 성품을 지닌 사람으로 키워야 한다. 조선시대에 왕자들은 유아기 시절 스승을 만나는 상견례 때부터 예의범절을 철저히 익히도록 교육받았다고 한다. 예의와 인성 교육이 국가의 운명과 관계가 깊다는 생각에 중요하게 다루어진 것이다.

내 아이가 재능만 뛰어나고 버릇없는 아이가 되길 원하는 엄마는 없을 것이다. 이 말에 동의한다면 잘못된 말과 행동을 하면 그 자리에서 즉시 바로잡아 훈육해야 한다.

특히 다음과 같은 상황은 반드시 훈육이 필요한 경우다.

- 아이에게 할 일을 지시해야 할 때
- 무작정 떼를 쓸 때
- 형제간에 폭력이 오갈 때
- 공공질서나 예절을 어길 때

그렇다고 예의를 가르칠 때, 호통을 치면 아이들은 겁을 낸다. 아이의 인격을 존중하면서 올바른 규칙을 지키도록 가르쳐야 한다. 옳고 그름을 가르치는 것은 다른 사람과 함께 어울려 살아가는 삶 속에서 타인에 대한 배려와 존중을 자연스럽게 경험하도록 하는 일이다.

05

공감능력이 떨어지는 아이들

중학교 1학년을 대상으로 집단 상담을 진행한 적이 있다. 남학생, 여학생이 함께 참여하는 8주간 프로그램이었다. 학급 친구들과 관계 문제로 크고 작은 사고를 일으켜 교사의 권유로 상담실을 찾은 아이들이었다. 아이들 얼굴과 몸에는 어쩔 수 없이 왔다는 귀찮음이 묻어났고, 분위기는 아주 어수선했다.

나는 아이들에게 방과 후에 다른 곳으로 가지 않고, 집단 상담에 참여해주어서 고맙다는 말로 먼저 시작했다. 그리고 여기서는 어떤 평가나 불이익이 없다는 것도 알려주었다. 자신들의 속마음이 읽혀서인지 조금씩 앉는 자세가 반듯해졌다. 상대방으로부터 자신의 마음을 진심으로 이해받았을 때 어떤 감정이 생기는지를 경험하고자 한 나의 의도가 성공한 셈이다.

그러나 내 말 외에 또래친구의 말은 귀담아듣지 않았다. 친구의 말에 아이들은 내내 딴짓을 하거나 넋이 나간 멍한 얼굴로 앉아 있었다. 이것은 비단 이 아이들만의 문제는 아니다.

아이들은 대개 다른 사람의 말을 건성으로 듣는다. 특히 또래 사이에 이런 태도 때문에 오해가 생겨 다툼이 많다. 부모나 선생님의 지시에 잘 따르도록 훈련된 아이들은 그 지시에 대해 항변을 하면 돌아올 불이익이 많다는 걸 잘 알고 있다. 하고 싶지 않는 것을 무조건 따라야 하는 입장에서는 불만과 분노가 생겨 다른 사람의 말을 귀담아들을 만한 마음의 자리가 없다. 그리고 어른들에게 자신의 의견이 이해받지 못한 것처럼, 친구의 의견을 무시한다.

공감, 경청, 배려가 상대의 마음을 연다

아이들의 공부는 모두 성적으로 환원되므로, 경쟁에서 이기려면 남보다 더 많은 정보와 지식을 외우고 습득해야 한다. 또한 다른 친구보다 우위를 선점하기 위해 몰래 숨어 꽁꽁 감추며 공부한다.

고등학교 아이들은 수행평가 점수가 나오면 점수에 대한 이의 제기를 하러 교무실에 찾아오곤 한다. 자신의 경쟁자와 비교해 왜 그 친구보다 점수가 낮은지에 대해 선생님에게 항의를 한다. 어떤 부분이 점수에 영향을 주었는지는 묻지 않는다. 그러면 나는 수행평가 기준을 알려주고 그 기준을 충족한 부분과 그렇지 않은 부분을 구체적으로 설명해준다. 이렇게 하면 대부분 순응한다.

지식 추구만을 위한 다람쥐 쳇바퀴 도는 경쟁적 구조가 아이들에게 깊이 있고 의미 있는 관계 맺기를 못하게 한다. 우리는 다른 사람과의 만남 속에서 살아간다. 이러한 만남이 깊이 있는 관계로 발전하려면 다른 사람의 마음을 이해하는 공감능력이 필요하다.

공감은 상대방의 생각과 감정을 인지할 뿐 아니라 그 사람의 입장이 되어 소통하는 능력을 말한다. 이 능력은 자기 자신을 남과 구별할 때 본격적으로 성장하기 시작한다.

그런데 요즘은 어떤가? 엄마들은 경쟁적으로 아이를 학원이다 과외다 해서 밖으로 내돌려 스스로 감정을 인식할 기회를 주지 않는다. 아이들은 공부 때문에 또래와 자주 어울려 놀 시간도 부족하다. 그렇다고 엄마가 아이와 정서적인 교감을 나누지도 못하는 상황이다. 이런 분위기 속에서 아이는 스스로 자신의 감정을 느낄 수 없다. 마음속에 일어나는 감정이 무엇인지 정확하게 알지 못하는 아이가 어떻게 타인의 마음을 이해할 수 있겠는가!

집단따돌림과 괴롭힘, 그리고 청소년 범죄의 많은 부분이 이것과 맞닿아 있다고 생각한다. 학교 교문이나 현관 앞에 가면 '여기가 학교 맞나?' 하는 생각이 들 때가 많다. '학교폭력신고는

117, 학교폭력은 범죄이다, 학교폭력을 추방하자, 친구 아픔을 모른 척하는 것도 또 다른 폭력이다' 등의 문구들이 눈에 가장 잘 띄는 곳에 자리하고 있다. 게다가 학교 전담 경찰관 사진과 연락처도 나와 있다. 학교에서 학교폭력자치위원회(일명 학폭위)이니, 가해자니, 피해자니 하는 말이 자연스럽게 된 지 오래다. 나는 낯선 이 말들에 적응하는 데 한참이 걸렸다. 공문 작성에서 여러 번 실수한 후에야 조금씩 익숙해졌다.

아이들이 진심으로 친구의 입장이 되어 감정을 이해하는 공감능력이 있었다면 학교폭력이 일어났을까? 먼저 아이들에게 남의 마음을 이해하는 능력을 가르쳐야 한다. 이것은 서로 갈등을 풀어가는 기초가 된다.

항상 전교 1등을 하는 고등학교 2학년 남학생이 있었는데, 학교에서 인기가 많았다. 특히 여학생들이 많이 좋아했다. 보통은 공부 잘하는 아이는 인기가 없는데 그 남학생은 달랐다. 얼굴도 평범하고 키도 작고, 몸집도 왜소한 아이가 인기가 있어 처음에는 좀 의아했다.

그 남학생은 학급 친구들이 도움을 요청하면 선뜻 도와주고 친구들을 챙겨주었다. 또 친구들 장난을 잘 받아주고, 장난도 곧잘 쳐서 공부만 잘하는 범생이 스타일이 아니었다. 아이들이 가장 좋아하는 점은 자신들의 말을 끝까지 듣고 위로해주면서 해결책을 제시해주는 것이라고 했다. 경청과 공감, 배려하는 태도가 친구들의 마음을 열게 했다.

친구관계에서 받은 상처가 커서 자해나 자살을 시도하는 아이들이 있는데, 그 속을 들여다보면 스마트폰으로 주고받은 문자의 영향이 컸다. 밥 먹는 시간까지 스마트폰을 하거나 컴퓨터로 친구와 끊임없이 소통하지만, 위로받기보다는 외롭고 소외되는 느낌을 견딜 수 없어 극단적인 방법을 선택하는 것이다. 어떤 아이들은 사이버 채팅에서 알게 된 사람을 직접 만나기 위해 타 도시로 갔다가 위험한 일을 당할 뻔한 경우도 있었다.

디지털의 발달로 시간과 공간을 넘나드는 소통이 늘어났지만, 사이버 공간 안에서는 극히 제한적 정보만으로 공감을 표현할 수밖에 없다. 특히 목소리가 아닌 문자 메시지가 오가기 때문에 상대의 감정 변화를 읽어내는 것이 쉽지 않아 공감적 대화를 나누기가 힘들다.

공감능력은 보고 터득하는 것이다

카페에 가면, 다정한 커플도 몇 분이 지나면 아무런 대화 없이 각자 스마트폰을 들여다보는 모습을 자주 본다. 아이들도 친구와 있어도 각자 스마트폰으로 채팅이나 게임을 하느라 정신이 없다. 스마트폰 화면에서 눈을 떼는 시간은 게임이 의도치 않게 끝나버리거나 채팅하는 사람의 우스꽝스러운 표현을 친구에게 보여줄 때 잠시뿐이다.

아이는 타인의 목소리와 표정을 거울 보는 것처럼 그대로 따라하는 능력을 가지고 태어난다. 이 능력은 타인의 감정과 의도를 직관적으로 이해하고 공감하는 데 기초가 되는 것이다. 디지털의 발달이 아이의 타고난 본성을 잃게 하여 사람과 사람 사이의 공감능력을 떨어지게 한다는 연구 결과가 있다. 미국의 과학 매체인 〈라이브사이언스〉는 어린이들이 스마트폰, 컴퓨터 등의 스크린을 너무 많이 보면 사람의 감정을 읽는 능력이 떨어진다는 사실을 보도했다.

감성과 소통은 4차 산업혁명이라는 누구도 예측하기 어려운 놀라운 혁신적 세상을 이야기할 때도 빠지지 않고 등장한다. 결국 공감능력이 뛰어난 사람이 세상을 주도하게 된다는 말이다. 알파고 같은 인공지능이 더 진화하더라도 인간을 대체할 수 없는 분야가 바로 상대방의 마음을 품는 공감능력이 필요한 분야일 것이다.

청소년 범죄, 인성 부재의 해법은 인간만이 지니고 있는 공감능력에서 찾아야 한다. 공감능력은 아주 어릴 때부터 부모가 서로 어떻게 의견을 조율하고 소통하는지를 보면서, 또 가족 간의 신뢰관계 형성 과정을 경험하면서 내면화된다. 다시 말해 공감능력은 말로 가르치는 것이 아니라 보고 터득하는 것이다.

생활 속에서 공감능력을 높일 수 있는 시간을 마련하는 것도 좋다. 어느 지인으로부터, 가족여행으로 서울까지 가는 3시간 내

내 기차 안에서 각자 스마트폰만 보다가 내렸다는 말을 들은 적이 있다. 이때 간단한 게임 몇 가지를 준비해 기차나 자동차 안에서 즐기면 어떨까? 간지럼 참기, 다리 싸움, 주제가 있는 스무고개, 주먹 자르기, 몸으로 표현한 물건 맞추기 등. 가족 모두가 즐겁게 놀이를 하면서 공감능력을 기를 수 있다.

공감적 반응 연습해보기

공감능력을 키우기 위해서는 말하는 사람의 마음을 잠시 나의 마음에 가져와서 감정을 읽어주어야 한다. 다음 문장을 읽고 공감적 반응을 연습해보자.

- 아이가 엄마에게 : 학교에서 돌아온 아이에게 엄마가 잘 다녀왔는지 묻자 "나 좀 내버려두세요!"라고 했을 때 당신은 어떻게 답할 것인가?

  → ______________________________

- 남편이 아내에게 : 일요일 아침, 아내가 "나 오늘 쉬면서 TV 볼 거야."라고 했을 때 당신은 어떻게 답할 것인가?

  → ______________________________

- 아내가 남편에게 : 남편이 토요일 저녁 모임에 나갈려는데, "평소에도 술 마시고 늦게 들어오고, 주말에도 모임이라며 나가고, 여기가 하숙집이야?"라고 했을 때 당신은 어떻게 답할 것인가?

  → ______________________________

3장

아이는
부모의 그림자로
자란다

01

부모 공부가 필요한 요즘 엄마와 아빠들

사춘기에 접어든 아이를 둔 30~40대 부모들은 물질적 풍요로움과 새로운 문화 유입으로 윗세대에 비해 개별성과 다양성을 많이 누리고 살아왔다. 그만큼 혜택을 받고 자란 세대라고 할 수 있다. 30~40대 부모를 일반화할 수는 없지만, 이들은 자기중심적이고 개성이 강한 경향이 있다. 이 세대부터 핵가족화가 본격화되어 부모로부터 지원을 많이 받으며 자랐다고 할 수 있다.

이들이 아이를 양육하고 교육하는 방식을 보면서 적잖이 당황스러웠던 적이 많았다. 미성숙한 부모들이 최근에 많아지고 있는 것이 사실이다. 그래서 이 세대에 맞는 새로운 방식의 부모 교육과 부모 상담이 이루어지고 있다.

과잉보호가 내 아이를 기계로 만든다

부모들은 자녀를 양육할 때 두 가지 극단적인 모습을 보이는데, 과잉보호와 방임이다. 그런데 이 두 가지 양육 형태 모두 분노와 불안한 마음이 자리하고 있다.

아이를 하나 아니면 둘만 키우다 보니 과잉보호를 하는 부모들이 많다. 교육을 위해 학군 좋은 곳으로 이사하기, 학원 스케줄 짜기, 유명 과외 선생님 모셔오기, 진학을 위한 포트폴리오 구성하기 등 학교 성적과 진학을 위해 부모의 시간을 쏟아붓는다. 아이가 밥을 먹지 않으려고 하면 숟가락을 들고 따라다니면서 먹이고, 아이가 새로운 친구를 사귀면 그 아이의 성향, 성적, 부모 직업 등의 정보를 캐내어 아이 인맥에 도움이 되지 않는 친구는 사귀지 못하게 하기도 한다.

청소년 상담에서 만난 상당수의 부모는 아이가 어렸을 때, 어떤 일을 힘들게 하는 것을 지켜보는 게 안쓰러워 거들어주거나 대신해주었다고 말한다. 솔직히 어느 선까지를 과잉보호로 볼 것인지 딱 잘라서 말하기는 힘들다. 다수의 교육심리학자들은 과잉보호를 '아이가 자신의 힘으로 성취해야 할 발달과제를 부모가 대신해주는 것'이라고 정의했다. 아이를 도와주는 것과 대신해주는 것은 엄연히 다르다고 밝히고 있다. 아이가 어떤 일을 잘 성취해낼 수 있도록 옆에서 부모가 도와주는 것은 문제가 되지 않지만, 부모가 대신해주어 마치 아이가 성취한 것처럼 보이는 것은 문제가 된다.

과잉보호로 인해 일어나는 문제의 심각성을 모르는 부모들이 많다. 소위 학교에서 '문제아'라고 불리는 아이 중에는 어릴 때부터 과잉보호를 받으며 자란 경우도 상당수다. 과잉보호가 남에게 피해를 줄 뿐 아니라 부모도 감당하기 힘든 지경에 이르게 만드는 것이다.

힘든 일은 안 해도 되는 것으로 인식하며 자란 아이들은 힘든 일은 안 하고 재미있는 일만 하려고 한다. 순간의 즐거움이나 감각적인 행동에 스릴감을 느껴 점점 문제가 심각해진다. 이런 아이는 어떤 일을 하다가 힘들면 금세 그만두는 충동적인 경향도 보인다. 답답해하는 부모 때문에 또는 내 아이가 잘해내고 있다는 것을 느끼고 싶어 하는 부모의 욕망 때문에 시행착오의 과정이 생략된다. 이런 경우 아이는 가짜 성취감을 느끼고, 또는 새로운 과제가 주어졌을 때 성공하지 못하면 비난받을 것이 염려되어 끝을 맺지 못한다.

과잉보호는 아이의 문제가 아니라 부모의 문제 때문에 생겨나기도 한다. 모든 부모는 아이를 양육할 때 자신의 성장 배경에서 벗어나기 힘들다. 그래서 부모 자신이 기준이 되는 경우가 굉장히 많다. 나 역시도 딸이 나의 열등감을 없애주고 내가 하지 못했던 것을 딸이 했으면 하는 기대를 가지고 있었다. 아이를 키우면서 부모는 여러 가지 기대감과 욕망을 아이에게 투영하고 아이가 그것을 잘 수행해주길 바란다. 아이가 부모의 욕망을 실현시켜주는 도구가 되는 것이다.

부모들은 다들 아이에게 최선을 다했다고 말한다. 그러나 아이 말은 다르다. 엄마, 아빠가 좋아서 했을 뿐 자신이 원하는 것을 해준 적이 없고, 그래서 받은 것이 하나도 없다고 말한다. 사춘기에 접어든 아이들의 '그건 내가 좋아하는 것이 아니고, 엄마가 좋아서 하는 것 아니야?'라는 정당한 저항을 대부분의 엄마들은 수용하지 않는다. '엄마가 인생을 살아보니까 그렇지 않더라, 이런 것은 꼭 할 필요가 있어, 너 좋으라고 하라는 거지 엄마 좋으라고 하니, 그렇게 하면 안 되고 이렇게 해야 해.'라는 말로 아이를 억누르며, 아이가 가진 능력을 지켜보거나 인정하려 하지 않는다.

심리사회이론을 정립한 정신분석가 에릭슨은 아이의 모든 것을 대신해주고 지나치게 간섭하고 통제하면, 스스로가 자신의 능력에 대한 의심이 생겨 자율성에 반하는 인격을 형성하게 된다고 했다. 만일 아이에게 자율을 제공하지 않고 스스로 환경을 탐색하고 조절할 수 있는 기회를 주지 않으면, 자신의 무능력에 대해 수치심을 가지고 자기 회의에 사로잡혀 성장에 부정적인 영향을 미친다고 하였다.

학교에서 일어나는 크고 작은 일이나 친구들과의 갈등이 생겼을 때, 대신 해결해주고 아이에게는 그런 문제에 신경 쓰지 말고 공부만 하라고 말하는 부모들이 많다. 그러면 아이는 살아가면서 겪을 여러 가지 문제에 대한 해결 능력을 갖추지 못한다. 또한 스스로 경험하면서 해결한 과정이 없었기 때문에 순간순간 일어나는 자기만의 감정이 무엇인지 깨닫지도 못한다. 이런 아이는 청소년기에 접어들면서 공허감에 사로잡히거나 감정을 다루는 방법을 몰라 여러 가지 유혹들에 쉽게 빠져 문제아가 되기도 한다. 또한 다른 사람의 마음을 헤아리고 배려하는 사회적 능력도 키울 수 없다.

요즘 아이들에게 일상생활에서 겪었던 경험에 대한 감정을 말해보라고 하면 상당수는 '좋다 나쁘다'의 이분법적 표현 외에는 하지 못한다. 감정 표현에 대한 어려움은 친구관계에서도 어려움으로 작용한다. 자신의 감정을 어떻게 표현해야 할지, 친구의 감정을 어떻게 이해해야 할지 몰라 결국 혼자 있는 것이 편해 학교를 중단하기도 한다.

과잉보호는 아이 속에 아이는 없고, 부모만 자리하게 한다. 마마보이, 마마걸, 매뉴얼 베이비라는 신조어에서 알 수 있듯이 지나친 보호가 아이를 무능력하게 만들어 지시 없이는 행동할 수 없는 기계로 만든다는 것을 명심하길 바란다.

나쁜 돌봄보다 더 나쁜 건 돌보지 않는 것이다

또 다른 양육 태도는 방임이다. 방임에는 두 가지 형태가 있다. 정서적 유대관계를 맺지 않는 소위 말하는 정서적 학대로 인한 방임과 빈곤층에서 자주 나타나는 결핍에 의한 방임이다.

상담을 하면서 만난 아이들 중 경제적으로 풍족한 가정의 아이들은 부모와 나누는 대화의 주제가 모두 공부 얘기뿐이라고 말한다. 오로지 공부 관련 이야기로 시작해서 끝이 난다고 한다. 공부 이외의 이야기는 해도 그만 안 해도 그만인 것이다.

반면에 부모가 바빠서 상대적으로 함께할 시간이 적은 아이들은 보살핌을 받지 못해 어려움이 생긴다. 나쁜 돌봄보다 더 나쁜 것은 돌보지 않는 거란 말이 있다. 학창 시절 무서웠던 선생님이 기억에 남는 것도 이런 이유에서이다. 방임은 넓은 의미에서 학대의 한 종류다.

방임은 굉장한 결핍이 된다. 실제 왕따를 경험하고 있거나 잦은 결석으로 학교에 적응하지 못하는 아이들 대부분은 부모의 관심을 받지 못하고 자란 경험이 있었다. 이런 아이들은 자신은 사랑받지 못한 존재이므로 학교에서도 사랑받을 수 없다고 생각한다. 또한 자신은 환영받지 못할 것이라는 생각에 사로잡혀 있기 때문에 자신과 유사한 환경을 가진 친구들과 어울리면서 부정적인 행동패턴을 가지게 된다.

그리고 다른 사람과 조율하는 것을 힘들어한다. 그래서 관계에 있어 회피나 공격 성향을 보인다. 귀찮으면 회피 반응을, 자신이 원하는 것을 빼앗기면 공격적으로 반응한다.

최근 영유아와 관련된 사건들에서 이런 방임형 부모의 모습을 심심찮게 볼 수 있다. 게임중독에 빠진 엄마가 영아를 굶어죽게 한 일, 원하지 않은 아이가 태어나자 아이를 유기한 아빠, 아이 앞에서 담배를 피우고 술을 마시는 엄마, 아빠 등. 방임형 부모의 특징은 타인의 시선에 민감하고, 부모 자신과 관련된 일에만 신경을 쓰며, 아이에 대해서는 관심이 없다. 오직 아이가 부모의 지시사항을 잘 이행했는지 안 했는지 사실만 점검하여 결과만을 중요하게 생각하는 특징도 보인다.

이런 부모들은 아이가 지금 어떤 마음인지, 걱정거리가 무엇인지, 어떤 고민을 하고 있는지에 대해 세심한 대화를 나누지 않는다. 즉 아이와 부모가 서로 의논하지 않는다. 또 아이의 감정에 대해 반응해주지 않고 부모의 정해진 틀에 아이를 끼워 맞춘다. 어떨 때는 아이에게 마음대로 하고 싶은 대로 하라고 해서 아이에게 혼란을 주기도 한다.

방임형 부모들은 자라면서 자신의 생각과 감정을 타인에게 깊이 있게 말하거나 표현한 경험이 없기 때문에 아이와도 피상적인 관계만을 맺는다. 부모로서 긍정적인 상호작용이나 의사소통 모델링을 하지 못한다고 볼 수 있다.

이 장을 통해 내 아이의 '마음 근육'을 자라지 못하게 한 나의 행동에는 어떤 것이 있었는지 점검하는 시간이 되길 간절히 바란다.

02

아이는 엄마의 훈장이 아니다

상담이나 일상에서 만나는 엄마들 중에 상당수가 아이를 자신의 훈장으로 삼으려는 경향이 강했다. 여러 사람에게 자랑할 만한 훈장을 얻기 위해 엄마는 고군분투하면서 이 모두가 아이를 위해서라고 말한다. 고백하건대 나 역시도 그런 엄마들 중 한 명이었다.

나는 한때 공부방을 운영했는데, 3월이면 정말로 바쁜 시간을 보냈다. 전교 임원으로 출마하는 학생들 선거 공약문을 써야 했기 때문이다. 아이가 전교회장이면 엄마도 회장님으로 불리고, 아이가 부회장이면 엄마도 부회장님으로 불린다. 내 아이에게 감투를 씌워 권력의 힘을 행사하기 바라는 엄마의 욕망과 아이 덕에 엄마도 감투의 힘을 나타내고 싶은 마음 때문에 아이들

선거에 엄마들이 더 열심이었다. 재원생 중에 여러 명이 전교 임원이나 학급 임원이 되면서 나는 꽤 인기 있는 선생으로 유명세를 타기도 했다. 선거 공약문과 선거 전략에 대한 조언 덕분에 당선되었다는 입소문이 나 다른 지역 학교의 엄마들까지 찾아와 부탁을 해서 한동안 본업이 학생을 가르치는 선생인지, 선거 전략가인지 정체성이 불분명한 때도 있었다.

딸이 초등학교에 입학하면서 나 또한 위의 극성 엄마들처럼 행동하기 시작했다. 아이가 그다지 원하지도 않는 학급 임원을 시키기 위해 선거 문구와 포스터를 만들고, 발표 준비를 했다. 목소리가 작거나 선거문을 다 외우기 못하면 혼을 내고, 엄청 구박을 하면서 훈련을 시켰다. 딸이 중학교까지 내리 임원을 하면서 엄마인 나도 한동안 어깨에 힘 좀 주고 다녔다. 지금도 딸은 임원을 할 때 얼마나 힘들었는지 간혹 얘기할 때가 있다. 대학생이 된 딸이 학과 임원으로 추천되었을 때 극구 거부했다고 한다. 자신은 옆에서 도와주는 2인자 역할이 더 편하다며, 여러 사람 앞에 나서는 일이 너무 힘들고 어렵다고 했다. 어릴 때는 엄마의 말을 거역할 수 없어서 했지만, 지금은 자신이 거부권을 행사할 수 있게 되어 좋다는 딸을 보면서 내가 얼마나 딸에 대해 무지한 엄마였는지 반성하게 되었다.

고등학교 2학년인 재환이는 엄마 말을 잘 따르던 모범생이었다. 재환이 엄마는 재환이 뒷바라지를 헌신적으로 했다. 재환이는 어릴 때부터 영특해서 엄마는 무능력한 재환이 아빠 대신 재환이를 믿고 의지하였다. 재환이 엄마는 재환이를 임원 선거에 내보내기 위해 다른 학교에 원정을 가서 선거 운동을 지켜보기도 했다. 아이들에게 인기 있는 유행어를 분석해서 선거 문구를 밤새워 작성하고 미술 학원 선생님에게 포스터를 맡기고, 발표 능력을 키우기 위해 웅변 학원에 보내기도 했다.

이렇게 훈련된 재환이는 엄마 바람대로 임원이 되었고, 중학교 3년 내내 전교 5등 밖으로 밀려난 적이 없었다. 그 동네에서 자식 잘 키우는 엄마로 통해 많은 엄마들의 부러움의 대상이 되었다. 이후에 재환이는 자립형 사립고에 입학했고 성적도 우수하여 엄마는 내심 뿌듯한 마음을 가지고 지냈다. 그런데 고등학교 2학년이 되면서 성적이 떨어지자 엄마가 불안하여 아이를 데리고 상담을 왔다.

상담을 하러 온 경위를 묻자 재환이 엄마는 울면서 신세 한탄을 하였고, 엄마의 그런 모습을 지켜보는 재환이 모습이 더 걱정되어 중간에 재환이와 엄마를 따로 면담하기도 했다.

재환이 엄마처럼 과열된 교육열과 비뚤어진 열의로 아이를 통해 대리만족을 얻고자 하는 엄마들이 많다. 자식을 엄마의 자랑거리로 만들기 위해 온 정성을 쏟는다. 그러다 아이의 성적이 조금만 떨어져도 집안이 초비상 사태가 된다.

재환이와 유사한 경험을 가진 대학교 3학년 민서는 일상생활을 하는 데 있어 불안감이 들 때가 많아 상담을 요청해왔다. 무용을 전공하고 있는 민서는 엄마의 기대에 미치지 못하는 대학에 입학해 자신을 반성하느라 지칠 대로 지친 상태였고, 엄마에 대해 고민이 많았다. 대회에서 입상을 못하면 물건을 던지고 화를 내는 탓에 혹시 엄마가 무슨 일을 저지르지 않으려나 하는 생각에 늘 불안하다고 했다. 공연을 앞두고 연습을 할 때면 불안은 더 심했다. 이 모두가 엄마 탓인 것 같아 원망스럽지만 그렇다고 자신을 위해 희생한 엄마를 마음껏 미워할 수도 없다는 민서 말이 내 가슴 한편을 아리게 만들었다.

엄마의 훈장을 빛내주기 위해 아이들 심장이 시들어가고 있다. 엄마의 욕망을 자식 사랑이라고 착각하는 사이 아이들은 속으로 병들다가 결국에는 무너질 수 있다. 엄마가 공을 많이 들이는 아이일수록 엄마에 대한 미안함과 부채감을 크게 느낀다. 죄송한 마음이 쌓이고 쌓여 스스로 출구를 찾지 못해 자살과 같은 극단적인 선택을 하는 경우도 있다.

정말 아이를 위해 공을 들이는 것인지? 아니면 남들에게 보이는 엄마 훈장을 빛내기 위한 만족감인지? 지금 스스로에게 답해보기 바란다. 엄마의 몫은 아이 그대로를 온전한 훈장으로 보는 일임을 잊지 말아야겠다.

03

아이의 본질보다 포장을 더 중요하게 생각하는 부모들

상담실을 찾아온 우진이는 첫인상이 너무 똘망똘망해서 같이 근무하는 선생님들도 관심을 보였다. 게다가 항상 깔끔한 옷차림에 단정한 모습이었다. 이런 겉모습 때문인지 하얀 얼굴이 더 뽀얗고 빛이 나는 아이였다. 보통의 초등학교 3학년 개구쟁이 남자아이들의 모습과는 사뭇 달랐다. 우진이는 또래 아이들에 비해 또박또박한 말투에 아주 정확한 문장으로 이야기를 잘했는데, 이런 우진이 모습이 어딘지 모르게 어색하고, 어린아이답지 않은 어른 아이 같다는 느낌이 들었다.

우진이는 최근 들어 학원이나 공부방을 빠지는 일이 잦았다. 상담을 오기 며칠 전에도 학원에 오지 않았다는 전화를 받고 여기저기 찾으러 다녔는데, 놀이터 그네에 앉아 있는 우진이를 보곤 혼을 냈다고 한다. 우진이는 화를 내는 엄마에게 "엄마, 꼭 이렇게 살아야 해. 즐겁지 않아."라며 울먹였다고 한다. 학교나 학원에서도 늘 칭찬을 받고, 엄마 말도 잘 듣던 아이의 갑작스러운 모습에 우진이 엄마는 몹시 당황스러워했다.

우진이 엄마는 대학에서 피아노를 전공하고 의사인 남편을 만나 일찍 결혼을 했다. 시댁 형님들도 의사이거나 교수인데 자신만 전업주부여서 시댁 식구들 모임에 가면 항상 주눅이 들어 눈치를 보았다. 그래서 보란 듯이 우진이를 잘 키워 시댁 식구들에게 당당한 모습을 보여주고 싶었다고 했다.

아이가 공부 머리가 없다는 말을 듣게 될까 봐 걱정이 되어 영재학원에 보내고, 모자라는 부분은 과외를 시켰다. 틈틈이 책도 읽혀 스티커를 모으면 아이가 원하는 선물을 사주기도 했다. 아이의 스케줄은 매일 아침 7시 30분 등교를 시작으로 저녁 10시나 11시경이 되어야 끝이 났다. 주말에는 바이올린이나 스피치 과외를 받았다. 엄마는 우진이를 누구라도 탐을 내는 지성을 갖춘 반듯한 아이로 만들고 싶었다.

우진이는 "학원에서 시험을 못 쳐 재시를 보거나 수학 문제를 못 풀면 엄마는 화를 많이 내면서, 친척들이나 다른 사람들 앞에서는 내가 잘하는 것만 얘기해서 내 마음이 작아져요."라고 말하면서 울었다. 이런 아이의 마음을 엄마는 상상도 못하고 계속 몰아붙이며 살아온 것이다. 물론 엄마로서 아이의 못난 부분보다 잘하는 부분을 다른 사람들에게 말하고 싶은 마음은 백번 이해가 된다. 다만, 이것이 아이를 위한 사랑의 마음인지, 엄마를 위한 것인지는 생각해볼 필요가 있다.

이처럼 다른 사람을 의식해서 아이 외모를 가꾸고, 공부시키는 헛수고를 열심히 하는 우진이 엄마 같은 사람들이 많다. 대학생들 중에도 자신의 생생한 느낌과 생각보다는 어떤 전문가의 말이나 책에 나온 글을 그대로 기억해 말하는 경우가 의외로 많다. 또 값비싼 옷, 신발, 가방으로 다른 사람의 눈을 끄는 경우도 많다. 이런 행동을 하는 이유는 어릴 때부터 타인의 눈을 의식해 자신의 포장된 모습을 보여주는 데 익숙하기 때문이다.

내 아이가 좋아하는 친구의 이름은?

언제부터인지 우리 사회에서 높은 지위나 경제력, 공부 잘하는 것 등 겉포장이 그 사람의 진솔한 모습보다 더 중요하게 자리잡게 되었다. 공부 잘하는 아이는 친구를 때리거나 괴롭혀도 크게 문제 삼지 않고, 사회적으로 명성이 있는 사람들의 잘못은 잠깐의 실수라며 그냥 넘어간다.

엄마들은 아이들을 위해 엄청나게 애쓰면서 살고 있지만, 막상 아이에 대해 아는 것이 별로 없다. 아이에 관한 흔하디흔한 물음에도 고개를 갸우뚱하는 경우가 많다. 아이가 좋아하는 색깔이 무엇인지, 요즘 누구랑 친하게 지내는지, 좋아하는 과목은 무엇인지 등은 모른다.

아이 본연의 존재에는 관심을 두지 않고, 심하게 말해 다른 사람에게 보여줄 그럴싸한 상품으로 아이를 만들어갈 뿐이다. 엄마는 아이의 존재 자체를 인정해야 한다. 그런데 요즘 많은 엄마들이 아이를 자신들이 원하는 그릇으로 빚으려 한다. 아이의 깜냥 그대로를 인정하지 않는다. 심지어 엄마 스스로 만들어놓은 틀대로 아이가 자라지 않으면 아이를 뒤흔들어 죄책감에 빠지게 한다.

엄마가 할 일은 아이가 가진 본연의 능력을 찾아내 최대한 발현될 수 있도록 하는 것이다. 엄마가 정한 기준으로 아이를 이끌면 아이는 항상 자신은 존중받지 못한다는 생각과 엄마를 만족시켜주지 못하는 아이라고 자책하며 자란다. 엄마의 있는 그대로의 인정과 지지 안에서 아이는 솔직하게 자신을 드러내는 진솔한 사람이 된다.

다시 한 번 강조하지만 아이의 본질 그 자체로 존귀하고 소중하다. 포장지를 입히듯 아이의 스펙을 위해 여기저기 다니는 것보다 편안한 분위기에서 하루 동안 친구와 선생님이 서운하게 한 점을 말하게 하거나, 아이가 느끼는 자신의 부족한 점 때문에 힘들었던 경험들을 주고받는 시간을 만들어야 한다. 그래야 자라면서 자신을 부정하지 않고 당당하게 살아가는 힘이 생긴다.

내 아이가 지닌 빛깔은 무슨 색일까?

엄마의 역할은 아이의 본성을 발견하고 길러주는 것이지 없는 것을 만들어 포장하는 게 아니다. 나는 딸을 세상이 알아주는 비싼 명품 그릇으로 만들고 싶었다. 그런데 애써 만든 그릇(딸) 곳곳에 생긴 균열이 내 눈에 보이기 시작하면서 마음이 불안해졌고, 엄마의 눈이 아니라 도공의 눈으로 아이를 바라보았다. 내 아이만이 가진 본연의 그릇 모양과 빛깔이 있다는 것을 몰랐다. 아이의 그릇 모양, 크기, 빛깔을 만들어주는 것이 엄마 역할인 줄 알았다. 타고난 본래의 모양과 빛깔을 보는 엄마였다면 딸이 보다 행복하게 자신만의 모양과 빛을 세상에 뽐내며 살고 있지 않을까 하는 후회가 된다.

30대 초반인 성우 씨는 아내가 장모님 말만 들어 부부관계가 힘들다며 상담을 하러 왔다. 아내를 만나 상담을 해보니, 친정엄마의 틀에서 벗어나지 못하는 것이 문제였다. 무남독녀인 아내는 어릴 때부터 스스로 결정해서 한 일이 하나도 없다고 했다. 그저 엄마가 시키는 대로 했고, 그렇게 해보니 별로 손해나는 일이 없었기 때문에 결혼한 뒤에도 엄마의 그늘에서 벗어나지 못하고 있었던 것이다. 이 사례는 엄마의 과한 자식 만들기의 결과로, 미성숙하고 결정 장애를 가진 성인 아이로 자라게 했음을 보여준다.

지금 우리는 수저 색으로 나의 가치가 매겨지는 상대적 빈곤 시대를 살아가고 있다. 물질적 가치가 우선시되는 가운데 내 자식만은 내가 느낀 상대적 박탈감을 주지 않으려고 명문대에 보내기 위해 허리띠를 졸라매고 사교육을 시킨다. 그런데 명문대를 졸업한 후에도 취직, 결혼, 육아까지 책임져야 할 정도로 부모 역할은 끝이 보이지 않는다. 노후 준비 없는 부모의 끝도 보이지 않는다. 지금 대한민국 부모는 현실을 부정하고 보이지 않는 꼭대기를 향해 질주하는 '제로섬 게임'을 하고 있다.

아이 본연의 그릇 모양과 빛깔을 알아보는 눈을 가진 엄마야말로 4차 산업시대에 맞는 인재를 길러낼 자격을 갖춘 엄마가 아닐까? 다양한 빛깔과 쓰임의 그릇들이 필요한 시대가 점점 가까워지고 있다.

04

아이 마음에 생채기를 만드는 엄마표 조건 사랑

나를 만나러 온 아이들 중에 지금 자신의 모습에 불만을 가지고 있는 경우가 많다. 외모, 성격, 친구관계, 성적 등 자신의 존재 가치에 대해 부정하고 자신이 무능력하다고 생각한다. 특별히 문제 가정의 아이들이 아닌데도 왜 이렇게 긍정적인 자기수용이 없을까?

초등학교 5학년 지수는 반 친구들과 다툼이 잦고, 반복되는 결석으로 학교에서 상담을 의뢰한 아이였다. 지수는 매 시간마다 엄마가 자신을 더 많이 칭찬해주었으면 좋겠다고 말하는 '칭찬고파' 아이였고, 공부도 잘하고 싶다는 말도 자주 했다. 학교에서 반 1등을 놓치지 않을 만큼 공부도 잘하고, 영어·독서·수학 등 여러 방면 경시대회에서도 상을 많이 받은 아이여서 이런 말이

의외였다.

부모 면담 시간에 지수 엄마는 아이에게 한 번도 공부를 강요한 적이 없다고 했다. 기질적으로 예민한 아이가 아닌가 생각하며 지냈다고 했다.

사랑을 갈구하는 왜곡된 신념

가족 코칭을 하면서 만난 대부분 엄마들도 지수 엄마와 같은 반응을 보인다. 정말일까?

아이는 엄마의 말뿐만 아니라 몸짓, 눈빛, 태도, 행동을 통해서도 엄마가 주는 메시지를 읽는다. 지수 엄마는 "공부를 잘하면 널 사랑해줄게."라고 말하지는 않았지만, 아이가 100점을 맞거나 상을 받아오면 기뻐하면서 안아주고 칭찬해주었지만 반 1등을 놓치면 벼락같이 화를 냈기 때문에 지수 마음속엔 '난 공부를 잘해야만 엄마한테 사랑받을 수 있구나.'라는 왜곡된 신념이 생긴 것이다. 결국 지수는 엄마의 인정을 받으려고 모든 에너지를 다 써버린 아이가 되었다. 지수의 마음속 주인은 지수가 아니라 엄마가 되어버린 것이다.

'엄마표 조건 사랑'을 아주 노골적으로 또는 암묵적으로 남발하는 엄마들이 많다. 아이에게 하나의 조건을 주고 그것이 만족되면 또 다른 조건들을 내세운다. 또한 결과의 만족도에 따라 사랑의 표현 정도가 달라진다. 엄마표 조건 사랑이 아이에게는 큰 영향을 미친다. 이것이 마음 곳곳에 쌓이면 아이는 스스로 생채기를 내며 자라게 된다.

심리학자 로저스(Rogers, C. R.)는 부모의 가치 조건 부여로 아이는 '나는 어떠어떠한 사람이다.'로 자기인식하고, 또한 '나는 어떤 사람이 되어야 해.'로 자신에 대한 개념을 만들어간다고 했다.

긍정적 감정, 부정적 감정을 나누는 기준은 아이 스스로 만족하느냐 아니냐다. 즉 외부 세계와의 경험을 아이 스스로 어떻게 느끼는가가 중요하다. 아이는 상황 그 자체를 가지고 좋다 나쁘다는 판단을 하는 것이 아니다.

그러면 '엄마로서 아이에 대한 바람을 말하지도 바라지도 말라는 얘기냐'고 반문할 수 있을 것이다. 예를 들어 아이가 엄마에게 거짓말을 한 경우, 아이에게 엄마표 조건을 부여하지 않으려고 거짓말한 것을 혼내지 말아야 하느냐? 그건 아니다. 거짓말을 한 행동 자체를 혼내어 아이가 '거짓말을 한 것은 잘못이구나.'라고 느끼게 해야지 '나는 거짓말을 한 정말 나쁜 아이야.'로 느껴지게 혼내면 안 된다는 말이다. 엄마들은 아이의 존재 자체를 흔드는 상처 되는 말들을 아무렇지 않게 하는 경우가 많다. 엄마표 조건을 주는 것과 적절하게 훈육시키는 것은 별개의 이야기다.

아이가 나타내는 감정의 모양

하루는 둘째를 낳은 후배 선생으로부터 전화가 왔다. 작은 아이를 안고 있을 수 없을 정도로 큰아이가 질투를 하고, 최근에는 동생을 때리고 도망가는 행동 때문에 혼을 내기도 하고 달래 보기도 하는데 영 말을 안 듣는다는 내용이었다.

후배는 큰아이에게 '동생을 괴롭히면 나쁜 형이야.', '동생 미워하면 나빠.', '동생을 왜 때려? 동생을 때리면 나쁜 아이가 돼.'라는 말을 주로 했다. 동생을 미워하는 감정이 들 때면 너는 나쁜 아이라는 엄마의 메시지를 전달받은 큰아이의 마음은 어땠을까?

큰아이는 동생에게 친절하지 않은 행동 자체가 아니라 동생을 미워하는 감정은 나쁜 것이라는 경험을 통해 오히려 미워하는 감정과 나쁜 아이를 동일시하게 되면서 더욱 동생을 괴롭히는 행동을 강화시켰다. 이렇게 자란 아이는 성인이 된 후에도 누군가를 미워한다는 감정을 수용하기가 어려우면 불안을 감추기 위해 다른 방법들을 찾게 된다.

슬프다, 속상하다, 밉다, 화가 난다 등의 감정은 인간이라면 자연스럽게 일어나는 마음의 현상임에도 불구하고, 엄마에게 사랑받고 수용받기를 원하는 아이는 감정들의 왜곡이 일어난다.

후배가 큰아이에게 '동생이 밉지? 미울 수 있어. 그렇지만 동생은 아주 어려서 돌봐주어야 해. 너도 동생처럼 어릴 때 엄마가 많이 잘 돌봐주었어.'라는 엄마의 피드백이 있었다면 아이는 자신의 감정이 수용받는다는 느낌이 들었을 것이다. 엄마로부터 받은 긍정적인 존중의 피드백은 자기존중을 유지하게 한다.

한편 엄마로부터 긍정적인 존중을 선택적으로만 받으며 자란 아이는 자기존중을 유지하기가 매우 힘들어진다. 딸아이가 어렸을 때 책을 읽을 때마다 책나무에 스티커를 붙여준 적이 있다. 아동 책읽기의 효과성에 대한 연구에 관심을 가지고 공부하던 시절이라 아이에게 강박적일 만큼 책을 사서 읽혔다.

어느 날 딸아이가 책을 거실 구석에 쌓아놓고 보자기로 덮어두고 책나무에는 온통 스티커를 붙여놓은 적이 있었다. 이유는 책읽기가 싫어 책을 모조리 감추고 엄마에게 칭찬은 받고 싶으니까 스티커는 다 붙인 거였다. 딸아이는 책을 읽고 있을 때에만 보여준 엄마의 긍정적인 피드백을 통해 엄마의 사랑을 얻기 위해서는 책을 많이 읽어야 하는데 그날 따라 책을 읽고 싶지 않았던 것이다. 아이는 '책읽기 싫은 나'와 '엄마에게 칭찬받고 싶은 나' 사이에서 갈등하다 책을 감추고 스티커를 모조리 붙이는 행동으로 표현한 것이다.

아이는 엄마가 보여준 긍정적인 존중의 질과 일관성을 마음터에 저장하게 된다. 엄마가 취사선택할 경우 아이도 스스로 느끼는 자기존중을 선택하게 된다.

엄마표 조건이 많았던 아이들은 자신의 경험과 감정을 개방하거나 수용하는 일을 어려워한다. 심한 경우에 자신의 감정이 무엇인지도 느끼지 못하고 자유롭게 감정을 선택하는 것도 힘들어한다.

조건에 부합하는 사람이 되고자 애쓰며 살다 마음의 병을 얻은 아이들은 우울이나 불안과 같은 정서 문제를 나타내거나 부정적 문제행동을 일으킨다. 엄마의 강요된 조건이 지속적으로 아이 내면으로 스며들 때, 아이는 불안과 혼란스러움을 겪을 뿐 아니라 자신이 지닌 본연의 색깔을 잃게 된다.

아이를 조건이 맞으면 함께하는 사업 파트너로 생각해서는 안 된다. 엄마의 기분과 상황에 따라 붙여지는 조건으로 아이를 키워서도 안 된다. 엄마의 조건부 사랑은 아이가 스스로 삶과 행동을 선택하고 통제하는 능력을 상실하게 하여 무가치한 존재로 남게 할 뿐이다.

아이는 엄마로부터 자신의 있는 그대로 모습이 수용되었을 때 긍정적인 자기인식을 한다. 또한 진솔한 감정이 표출되어도 아무런 문제가 생기지 않는다는 사실을 경험해야 다른 사람을 넉넉히 수용하는 아이로 자란다.

'If(~하면)'라는 가치 판단의 말보다 아이의 말과 행동 안에 있는 감정의 모양을 읽어야 한다. 우리는 누구나 무조건적인 사랑에 마음의 빗장을 열게 마련이다.

4장

부족한 엄마의 반성문

01

단 한 번의 실패도 용납할 수 없어! : 경쟁, 평가 등에 대한 문제

너무 가슴이 저리고 아픈 딸의 말이 지금도 들린다. 고등학교를 전학한 후, 적응하기 힘들어하던 딸이 소리소리 지르면서 초등학교 1학년 때 일을 들추며 하던 말이다. 동시낭송대회에서 상을 받지 못해 화가 난 내가 아이에게 악을 쓰면서 했던 말을 그대로 기억하며 쏟아냈다.

"너는 저능아도 아니고, 그렇게 열심히 시켰는데, 그것밖에 못했어? 얼마나 연습을 했는데, 왜 목소리를 작게 해서 상도 못 탔어? 엄마가 당당한 자세로 또박또박하라고 했지. 이 바보야!"

교내 동시낭송대회에서 1등으로 뽑혀 교외 대회에 나간 딸이 입상을 하지 못해 속이 상했던 나는 마구 생각나는 말들을 아이에게 거르지 않고 모두 쏟아냈다. 지금 돌이켜 생각해 조금 변명을 하자면 당시 나의 정신건강도 온전치 못한 상태였었다. 일하면서 매달 있는 제사를 챙겨야 하는 버거움, 경제적 이유로 일을 할 수밖에 없던 상황으로 아이 혼자 대회장에 보낸 서러움과 미안함 그리고 남편의 무관심 등. 복잡한 심정을 그 어린 딸을 앞에 두고 토악질을 한 못난 엄마였다. 그것이 얼마나 큰 트라우마가 되어 아이의 마음을 잠식하는지 그때는 정말 몰랐다. 딸을 통해 힘든 현실을 보상받고 싶었던 내 마음만 보였던 때였다.

그 후에도 나는 딸에게 항상 목표를 세우면 이루어야 하고, 그러기 위해서는 최선을 다해 열심히 해야 한다고 강조했다. 고맙게도 딸은 엄마 말을 거르지 않고 잘 듣고 하라는 대로 열심히 제 몫을 해주었다. 단 한 번의 실수도 용납하지 않는 엄마에게 사랑받기 위해 자신의 마음에 병이 들고 있다는 사실도 모른 채 말이다.

좋은 성적과 마음 성적

딸은 중학교 때까지 늘 1등을 했다. 1등을 놓치지 않기 위해 정말 죽어라 공부했고, 시험 때가 되면 손톱이 다 없어질 정도로 물어뜯어 피가 날 정도였다. 그런 행동밖에 달리 불안을 표현하는 방법을 몰랐던 딸은 성적표를 받아오는 하루만 손이 입으로 가는 행동을 하지 않았다. 지금도 기억나는 딸의 이상행동이 그때는 보이지 않았다. 오직 딸의 성적표에 있는 1이란 숫자만 보았고, 그런 행동은 나중에 좋은 대학과 좋은 학과에 들어가면 다 없어질 거라고 생각했다.

지금 생각해보면, 아이 마음에 오직 엄마에게 칭찬받고 싶다는 생각만이 담겨 있어 칭찬받을 수 있는 날에는 그런 행동을 하지 않았던 것 같다. 딸이 계속 1등만 할 수 있도록 뭐든 뒷바라지 해주려고 노력했다. 솔직히 고백하지만 그때는 아이의 표정이 어두운지, 마음이 어떤지, 건강은 어떤지 등은 눈에 들어오지 않았다.

초등학교 1학년 때는 피아노를 치며 작곡을 해서 피아노 선생님이 놀라기도 했다. 바이올린 선생님은 음감이 뛰어나니 계속 음악공부를 시키라고 줄곧 나를 설득하기도 했다. 그림도 꽤나 잘 그려서 그림 공부를 시키면 잘할 거라는 말도 들었다. 하지만 나는 딸의 다재다능한 재능을 오로지 공부라는 하나의 목표에만 두고 다 무시했다. 전문직을 가지고 밥벌이를 하면 그런 것들은 모두 취미로 얼마든지 할 수 있는 것이라며 아예 딴생각을 하지 못하게 했다. 마치 경주마 눈가리개를 쓴 아이처럼 오직 공부에만 올인하도록 만들었다.

딸이 스스로 목표를 설정하고 열심히 공부했다면 그렇게 힘들지 않았을 것이다. 1등을 놓칠까 봐 잠도 못 자지 않았을 거고, 무언가에 쫓기는 불안감도 없었을 거고, 갑자기 분노가 치밀어 오르지도 않았을 거다. 아이의 이런 모습이 걱정되면서도 공부를 우선시하는 마음이 쉽게 포기가 되지 않았다. 딸의 아픈 마음을 치료하지 않고 공부하는 기능만 잔뜩 알려주어 꼭두각시 인형처럼 움직이게 하려 했으니 참으로 어리석은 행동이었다.

나는 엄마로서 직무유기를 한 것이다. 사람이 몸과 마음으로 이루어졌고, 사람답게 살려면 이 두 영역이 모두 건강하게 살 기회를 누려야 하는데 아이의 몸과 마음이 제대로 자라도록 보살피지 못했다. 마음을 어루만져주어야 했는데 그러지 않았다. 고등학생이 된 딸이 갑자기 학교를 그만두겠다며 통보를 해왔을 때야 문제의 심각성을 알게 된 어리석은 엄마였다.

지금도 생각난다. 아이가 참다 참다 너무 힘들다는 사인을 한 번씩 보내왔을 때 무감각한 표정으로 "그럼 그만둬, 그것도 못하면서 뭘 하겠어."라고 말하는 나를 어찌할 바 몰라 하며 바라보던 표정이.

엄마의 말에 자신의 삶을 휘둘리고 지낸 아이가 그만두라고 해서 정말로 그만둘 수나 있었겠는가. 그때 '얼마나 힘드니? 쉬어가면서 하자.'고 다독여주지 않은 것이 정말로 후회가 된다.

혹시라도 나처럼 아이의 마음보다 공부를 우선시하는 엄마가 있다면, 이제부터는 아이의 마음 건강에 정성을 쏟기를 부탁한다. 좋은 성적이 아이의 마음 성적이 아니라는 걸 깨닫기 바란다. 멀리 내다봤을 때, 득보다 실이 많다는 것도 알려주고 싶다.

아이를 망치는 엄마의 공식

지금의 아이들은 변화의 폭이 큰 시대를 살아가야 한다. 그러므로 평생 학습을 통해 다양성을 배우고 열심히 익혀야 밥벌이를 하며 사회 구성원으로 살아갈 수 있다. 이런 시대를 살아갈 아이들이 당면한 성적의 노예가 되어 공부를 지겨워하는 아이가 된다면 정말로 공부가 필요한 시기에 공부를 하지 못하게 될 가능성이 높다.

공부는 힘든 일임을 아이에게 솔직히 설명하고, 하고 싶은 일, 잘할 수 있는 일을 찾기 위한 과정임을 이야기해주면 아이는 오히려 공부의 의미를 찾을 수도 있다. 공부는 삶의 한 부분 속에 자리하고 있다. 그렇기 때문에 필요성이 느껴질 때 하면 몰입해서 더 잘할 수 있다.

그런데 나는 '공부=학습=성적=명문대=좋은 직장=성공한 사람'이라는 공식을 가지고 있었다. 이런 공식이 딸을 힘들게 했다. 성공과 실패의 이분법만을 배우고 경험한 기억밖에 없었던 엄마였기 때문에 다른 인생의 중요한 가치를 말해줄 것도, 다르게 살아가는 방법에 대해서 아는 바도 없었다.

꼭 당부하고 싶다. 나처럼 아이를 망치는 엄마만의 공식을 만들어선 안 된다고. 이것은 실패 없이 목표를 이루어야만 자신을 사랑받을 자격이 되는 존재로 생각하는 마음의 병을 가지게 한다. 성공의 잣대가 아이의 존재 가치보다 중요할 순 없다. 아이에게 실패가 영원한 실패가 되지 않게 하는 마음의 근력을 길러주는 새로운 공식인 '아이=존재=가치=성공'을 만들어보자.

02

매일 매일이 시험공부 중!

어느 날 저녁, 딸이 전화를 했다. 전화기 너머로 큰 울음소리와 무슨 말을 하는지 도무지 알아들을 수 없는 말소리가 뒤섞여 나를 더 불안하게 했다. 당시에 딸은 기숙형 고등학교 1학년이었다. 남들이 선망하는 학교에 입학한 딸 덕분에 나와 남편은 주변 사람들에게 부러움의 대상이었다. 그런 딸이 갑자기 "엄마, 나 학교 그만둘래. 더 이상 못하겠어. 힘들어."라고 말하자 너무나 충격적이었다.

그날은 딸아이를 진정시키는 위로의 말들을 했지만, 솔직히 내 마음 저 안에서는 '남들에게 보여줄 자랑거리 하나가 사라지게 생겼네.'라는 말이 맴돌았다. 이후 병원에 입원할 정도로 몸 상태까지 나빠져 결국 학교를 옮기게 되었고, 어른들도 견디기 힘든 시술을 여러 차례 받은 딸은 몸과 마음이 지친 채 또 다른 학교생활을 시작했다. 순탄치 않았다.

전학 후 딸은 공부보다 메이크업이나 옷 디자인 관련 사이트를 검색하거나 외모를 가꾸는 데 온통 신경을 썼다. 어떤 날은 짜증을 내면서 좀 더 예쁘게 낳아주었으면, 공부 같은 건 안 해도 되었을 거라는 말을 했다. 또 어떤 날은 공부만 하라고 한 엄마, 아빠가 원망스럽다고 하면서 소리를 지르곤 했다. 그럼 나는 아이 귀에 거슬리는 말과 마음을 할퀴는 상처 주는 말을 퍼부었다.

만능 기계가 되기 위한 바쁜 아이들

당시에는 딸에 대한 실망감과 배신감에, 딸이 죽을 만큼 힘든 슬픔을 안고 하루하루를 견디고 있다는 걸 알지 못했다. 그때는 공든 탑이 무너지는 심정이라 사람들도 만나지 않았다. 엄마 노릇의 버거움과 절망만이 보이는 생지옥이었다. 나는 주변 사람들의 시선이 느껴질 때마다 더 이상의 실패는 없어야 한다는 두려움이 커져 아이를 더 닦달하여 공부를 하도록 시켰고, 그런 엄마를 딸은 원수 보듯이 했다.

'어쩌다 여기까지 오게 되었을까?' 깊은 성찰이 시작되었다.

돌이켜보면 나와 다르게 영민하고 똑똑한 딸이 나의 열등감을 회복해줄 거라고 굳게 믿었던 것 같다. 믿음이 클수록 딸을 잘 키우겠다는 다짐이 강해졌고, 그런 만큼 잠시도 숨 돌릴 여유를 주지 않고 압박을 했던 것이다. 딸은 내가 못 이룬 꿈을 이루어주는 한풀이요, 내가 가진 허영심을 충족해주는 대상물로 자란 것이다. 딸에게 자기 탐구와 방황의 여유를 주지 않은 못난 엄마의 희생양이었다.

지금은 대학생이 된 딸과 지난날의 아픔을 농담처럼 얘기할 만큼 여유가 생겼다. 대학 생활이 힘들 때마다 엄마에게 터놓고 말할 정도로 친해졌다. 딸은 자신의 감정을 공감하고 있는 그대로 받아주는 엄마여서 마음 편하게 무엇이든 얘기할 수 있다고 했다. 최근 딸은 자신의 10년 미래 계획을 세우고 그 꿈을 향해 열심히 생활하고 있다. 그런 딸이 자랑스럽고 대견하다.

내가 사는 지역은 명문대에 입학시키고 싶어 하는 부모들이 가장 선호하는 곳이다. 그래서 집값도 타 지역에 비해 비싼 편이다. 초등학교 4학년 때부터 이사를 오는 아이들이 많아 인근 지역에 비해 초등학교 과밀 학급의 수가 높은 편이고, 학원이 밀집되어 셔틀버스와 학부모의 차들로 교통도 늘 혼잡하다. 학생들이 손에 공책이나 책을 들고 반쯤 감긴 눈을 하고 영어단어나 수학공식을 외우면서 학원에 들어가는 모습은 성능을 다하기 위해 움직이는 기계 같다. 또 수업에 늦지 않게 보내려는 엄마에게 끌려가는 어린아이도 본다. 참으로 딱한 광경이다.

학원 입구에 적혀 있는 '의대 공부는 초등 4학년 때부터', '특목고 준비 중학교 1학년은 늦다.' 등의 문구가 엄마들 마음을 바쁘게 한다. 엄마 마음에 우리 아이도 일찍 시작하면 할 수 있을 거라는 근거 없는 믿음과 막연한 기대감을 불어넣는다. 이런 환경 속에서 세상의 잣대에 우리 아이를 맞추지 않을 거라고 다짐하고 행동하기는 쉽지 않다. 부모라면 당연히 자식이 공부를 잘하고 출세하기를 바라니까.

요즘 아이들은 만능 기계가 되기 위해 바쁘다. 공부도 잘해야 하고, 수학·과학·영어 등 각종 경시대회에서 상도 받아야 하고, 악기나 운동도 하나 정도 할 수 있어야 하며, 봉사 활동도 해야 한다. 이런 모든 것은 진학은 위한 스펙이 된다. 초등학교 때부터 출세를 위해 한 방향으로 달려가도록 하는 엄마들의 일그러진 사랑은 심리적으로 불안한 아이들을 생겨나게 한다. 매일매일이 긴장의 연속인 아이들에게 마음의 풍요로움까지 가지라고 하는 것은 너무나도 가혹한 짓이다.

맞춤형 아이, 변화형 아이

부부 사이에 의견의 가장 격렬한 대치를 보이는 부분이 아이 교육 문제일 것이다.

나는 학교를 자퇴하려는 아이들을 오랫동안 상담한 적이 있다. 아이가 학교를 자퇴하기 전에 부모 상담을 의무적으로 해야 하는데, 대부분의 부모들은 아이의 문제를 상대 배우자에게 돌린다.

고등학교 2학년 영지의 부모도 별반 다르지 않았다. 아빠는 비싼 사교육비를 들여서 공부를 시키는 엄마를 이해할 수 없어 했고, 가정이 아이 중심으로 이루어지는 것 때문에 아이 버릇을 다 망치고 있다고 답답해했다. 반면 엄마는 교육에 관한 새로운 정보가 어둡고 현재 상황도 모르는 아빠의 무관심으로 아이 문제가 생겼다면서 아빠를 원망했다.

영지는 초등학교 5학년 때 학군이 가장 좋은 곳으로 이사를 했다. 그러나 엄마의 열성만큼 아이가 공부를 잘하지 못해서 아빠 월급의 70% 정도가 사교육비로 나가 늘 경제적으로 쪼들렸다. 자신의 교육비 문제로 자주 다투는 부모님을 보면서 미안한 마음이 든 영지가 결국 자퇴를 선택하려 한 것이다.

영지는 학년이 올라갈수록 열심히 노력을 해도 엄마가 원하는 성적이 나오지 않아 초조해졌고, 자신감도 떨어져 항상 기가 죽어 있었다. 친구관계도 원만치 않았다. 상담 전 심리검사에서 우울증 증세가 심한 것으로 나왔다. '너 때문에 이사까지 왔는데, 이렇게밖에 못하면 어떡해?'라는 엄마의 잔소리와 '무리해서 공부시키니까 잘해라.'는 무언(無言)의 아빠 압력을 보면서 불안해졌고, 모든 잘못이 '나'라는 자기귀인으로 우울증 증세를 보인 것이다.

영지는 죽으라고 공부에만 매달려 성적이 오른 경우에도 불안과 긴장을 놓을 수 없었고, 그럴수록 잡념만 떠올라 성적이 더 떨어지는 악순환이 거듭되어 점점 무기력해졌다.

부모의 지나친 투자가 아이를 망치게 한다. '과한 것은 모자람만 못하다.'란 말처럼 투자를 과하게 한 부모는 무의식적으로 아이에게 성적이나 열심히 공부하는 모습 등 어떤 형태로든 보상받길 원한다.

대가를 바라는 부모를 둔 아이는 부담감을 느껴 공부에 집중할 수 없게 되어 당연히 학습능력이 떨어질 수밖에 없다. 부모의 교육적 지원이 대가성이 있다면 바람직한 교육 환경이라고 할 수 없다. 과잉 투자는 비극적 씨앗을 낳는다.

아이의 손을 잡고 이야기를 나누는 작은 시간 투자가 아이의 더 나은 미래를 보장해준다. 엄마와 아이가 서로에 대한 사랑을 표현하고, 그 순간을 즐기는 투자만큼 더 확실한 투자가 어디 있겠는가?

코칭이 진행되는 동안 영지 부모님은 공부보다는 영지가 좋아하는 일을 하도록 허락했다. 가구 디자이너가 꿈인 영지는 학원에서 시각디자인을 공부하면서 학교로 다시 돌아갔다. 욕심을 내려놓고 영지의 아픈 마음을 이해하려 노력하는 부모님을 보면서 영지도 새로운 꿈을 가지고 열심히 하겠다는 의지를 가지게 되었다.

지금은 변환의 시대다. 세상이 달라졌다. 인공지능, 사물인터넷, 빅데이터, 3D 프린팅으로 대표되는 4차 산업혁명이 밀려오고 있다. 미래학자들은 산업화 시대 인재 양성 교육에서 벗어나 아이들의 메타 인지 능력과 전인교육에 힘써야 한다고 말하고 있다. 다시 말해 자고 일어나면 새로운 정보가 쏟아져 나오는 지금, 지식을 배우는 시대가 아니라 그 지식을 몸 안에 익히고 저장하여 나만의 경험적 지식을 바탕으로 한 새로운 지식을 창출하는 시대가 되었다.

그러므로 경험과 숙련된 내재적 지식을 가진 인재를 필요로 한다. 또한 바른 품성과 창의성을 가진 인재를 원한다. 언제 사라질지 모르는 지식을 달달 외우는 공부 기계의 시대는 사라지고 있다. '지식의 수급자'가 아니라 '새로운 지식의 공급자'를 원하는 시대가 되었다.

엄마들이 그렇게 키우고 싶어 하는 슈퍼 키드를 원하는 세상이 아니다. 4차 산업시대를 맞아 기업이 찾는 인재상이 달라졌고, 대학에서 선택하는 인재상도 달라지고 있다. 성적과 스펙이 아닌 협동과 배려, 공감, 감성지능 같은 인성 역량을 키워야 한다. 따라서 1~3차 산업시대의 줄 세우기식 교육에서 벗어나야 한다. 변환의 시대에는 세상에 맞춘 '맞춤형 아이'가 아니라 세상을 변화시킬 '변화형 아이'가 필요하다.

이제 엄마가 마음을 고쳐 용기를 낼 때이다. '변화형 엄마'만이 '세상을 움직이는 위대한 아이'를 길러낼 수 있다. 변화형 엄마의 역할은 엄마의 시선을 아이의 잠재력과 품성으로 돌리는 단계에서부터 시작된다. 그러므로 아이에게 비어 있는 시간을 허락해야 한다. 빈 시간 동안 아이는 스스로가 좋아하고 즐거워할 일이 무엇인지 찾아 실행해볼 수 있다. 그 속에서 세상 어디에도 없는 '독특한 지식'을 창조하여 새로운 세상을 이끄는 큰 아이로 행복한 삶을 살게 된다.

03

해결책을 제시하기보다 아이의 감정부터 읽자

딸이 초등학교 1학년 때의 일이다.

"엄마, 내 짝꿍 지우개가 떨어져서 주워주었는데, 나보고 도둑이라고 말했어."

"그래, 너는 어떻게 했어?"

"'나 도둑 아니야. 너 지우개 떨어져서 주웠을 뿐이야.' 이렇게 말했는데도 짝꿍이 계속 도둑이라고 해서 막 울었어."

"왜 울어? 너 바보야, 선생님한테 가서 말하지? 짝꿍이 놀린다고."

딸의 눈에 눈물이 고이면서 "선생님한테 말했는데, 그냥 참으래. 엄마는 내 마음도 모르고, 나만 혼내고, 엄마 미워."

이런 식의 대화였던 것으로 기억한다. 그랬다. 나는 항상 아이가 먼저 그 상황에서 느꼈을 감정을 읽어주지 못했다. 아이가 말하는 감정보다 지식 전달자인 선생님처럼 행동했다. 철부지 남자아이의 말이었지만, 딸에게 누명을 씌운 것에 대한 미운 마음과 아이들 문제를 너무 안이하게 대처한 선생님에 대한 섭섭함이 혼재되어 화가 많이 났었다. 오히려 내가 감정이 조절되지 않아서 아이를 더 야단쳤던 것이다.

감정의 뇌, 이성의 뇌

학교 부적응 문제로 찾아온 중학교 3학년 지민이는 아빠와의 갈등이 심했다. 아빠에 대한 반항심으로 무단외출과 무단결석을 하는 아이였다. 나는 지민이와 아빠의 갈등상황을 직접 보고자 상담시간에 두 사람이 함께 참여하도록 제안하여 대화방식을 살폈다.

지민이 아빠는 식당을 4개 정도 운영하는 사업가로 어린 시절 주방 보조를 시작해서 지금의 사업체를 이룬 분이셨다. 상담이 시작되자, 처음에 아주 깍듯하게 인사를 하던 아빠의 모습을 찾아볼 수 없었다. 지민이가 친구관계에 대한 얘기를 하면 바로 아빠는 "네가 그렇게 우유부단하게 말을 하니까 애들이 얕보고 그렇게 하는 거야."라고 하면, 지민이는 "아빠는 누구 편이야? 그 애들 편이야?"라며 소리를 질렀다. "야, 누구 편이 어디 있어. 네가 하는 행동이 답답하니까 하는 말이지. 애들한테 당당하게 말해. 안 하면 너만 손해야. 그렇게 해서 험한 세상 어떻게 살아갈래?"라며 말하자 아이는 울기 시작했다.

이런 핑퐁게임 같은 대화가 한참 진행되는 것을 지켜보았다. 이 사례처럼 많은 부모가 자신의 경험과 틀을 바탕으로 아이들에게 '일방통행 해결책 제시형' 대화를 하는 경우가 많다. 부모로서 아이가 빨리 문제를 잘 해결하도록 조언하고 싶은 마음은 충분히 이해가 간다.

그런데 아이의 감정을 읽어내는 일이 왜 이렇게 힘들까? 엄마, 아빠 대부분은 누군가로부터 자신의 감정이 수용된 경험이 절대적으로 부족하다. 또 화가 난 감정을 억누르고 평온하게 말하기도 힘들다. 이런 이유에서 부모는 아이의 감정을 읽어주기보다 자신의 경험 틀로 빠른 결론을 내려주는 편이 더 쉽게 느껴지는 것이 사실이다.

하지만 아이는 자신의 감정을 묵살하는 부모를 신뢰하지 않는다. 더 이상 부모가 자신의 편이 아니라고 생각해 친구나 선배를 통해서 해소하려 들고 그러다 보면 일탈행동을 하게 된다. 또는 인터넷 채팅이나 게임에 빠져 중독 증상으로 어려움을 겪기도 한다.

아이들의 감정을 받아주어야 하는 이유는 인간 뇌의 발달 순서에서 찾을 수 있다. 우리의 뇌는 감정의 뇌인 변연계 부분부터 발달한다. 그러다 차츰 논리적 사고가 가능한 전두엽이 발달한다. 즉 감정적 뇌가 발달한 아이들은 기쁨, 슬픔, 화, 분노, 즐거움 등 여러 감정을 나타내고, 이런 감정이 그대로 받아들여진 경험이 쌓이면 감정의 뇌 회로 작동의 움직임이 원활해져 전두엽 발달에 필요한 회로를 많이 형성하게 된다. 이것은 감정의 뇌와 이성의 뇌가 수많은 회로들로 연결되어 있어 서로 정보를 주고받으면서 발달한다는 뜻이다.

감정을 충분히 읽어주는 일은 아이들의 뇌 발달에도 큰 영향을 미친다. 특히 부정적인 감정을 알아주면 두려움이 사라져 논리적인 사고가 가능해진다. 더불어 감정의 수용 경험은 아이들에게 자신의 감정을 조절하고 편안하게 표현할 수 있는 힘이 생기게 한다.

인간의 감정은 환경으로부터 생존하고 적응할 수 있도록 돕기 위해 고안된 체계로, 안전을 위해 아주 중요한 것이다. 그렇기 때문에 이성보다 생물학적으로 더 오래되었고, 옳다 그르다, 합리적이다 비합리적이다고 나눌 수도 없는 것이다.

만약 달려드는 맹수를 보고 두려움을 느끼지 못한다거나 신호를 무시하고 달려오는 차를 보고도 불안과 공포를 느끼지 못한다면 위험이 다가왔을 때 민첩하게 대응하기 어려울 것이다. 실제로 교통사고로 변연계 일부인 편도체가 손상되면 공포나 불안의 감정을 잘 인식하지 못하고 다른 사람의 감정도 이해하지 못한다.

감정을 느끼지 못한다는 것은 생명체의 안전과 행복이 보장되지 않는 것을 의미한다. 덧붙여 어떤 일을 한 후에 행복한 기분이 느껴졌을 경우 다시 같은 경험을 하고 싶은 동기로 작동하여 반복해서 즐거움을 경험하게 되는 효과적인 결과를 가져온다. 이렇듯 긍정적인 감정은 삶의 활력이 되고, 불쾌한 감정은 어려움을 극복하게 만드는 기능을 한다. 따라서 감정을 느낄 수 있어야 우리 삶은 보다 생기 있고 풍요로워진다.

아이를 키우다 보면 감정이 의지대로 조절되는 것이 아니며, 올라오는 화를 꾹 참아내는 것이 여간 어려운 일이 아님을 느끼게 된다. 엄마의 감정을 억누르려면 많은 노력이 필요하므로 솔직히 교과서처럼 이상적인 반응을 보이기는 쉽지 않다. 특히 아이의 요구를 다 들어주었는데도 계속 떼를 쓴다거나 좋은 말로 타일렀지만 여전히 같은 행동을 반복한다면 엄마의 목소리가 다시 하이톤이 될 수밖에 없다.

엄마에게 가장 필요한 것은 아이의 감정을 읽어주는 일과 훈육의 경계를 분명히 하는 일이다. 아이의 감정을 있는 그대로 인정해주되, 행동은 잘 통제해야 한다. 이 두 가지를 항상 염두에 두고 아이를 양육해야 한다. 식당을 뛰어다녀 다른 사람의 식사를 방해하는 경우, 형제간에 다투며 때리는 경우, 게임을 하느라 지각한 경우, 마트에서 떼를 쓰며 장난감을 사달라고 조르는 경우 등은 엄마에게 해결의 1차적 책임이 있는 경우이므로 훈육이 필요하다.

그러나 앞에서 살펴본 나의 딸과 지민이 경우처럼 아이에게 속상한 일이 있을 때는 '힘들었겠다.', '무슨 이유가 있어?', '그래서 그랬구나.'처럼 감정을 헤아려주는 말이 필요하다. 자신이 힘들었음을 엄마가 알아주는 것만으로도 아이의 상처와 고통은 사라진다. 괴로워하는 아이의 마음을 알아주지 않으면 답답하고 화난 감정을 드러내거나 아픔을 마음속 깊이 간직한 채 자란다. 엄마가 아이에게 부정적인 말을 쏟아내면 마음이 건강하게 자랄 수 없다.

엄마는 아이의 문제행동을 보면 무작정 혼을 내기 쉽다. 하지만 우선 아이가 그런 행동을 왜 했는지 알아보고 아이의 말을 충분히 들어주어야 한다. 해결책이나 충고는 그다음이다. 자신이 잘못된 행동을 할 수밖에 없었던 이유를 엄마가 알아준 경험을 한 아이는 이후 더 나은 행동을 한다. 앞에서도 언급했듯이 감정의 수용은 인지 발달에도 이점이 있어 학습능력을 향상시킨다.

감정의 수용은 아이 발달의 전 영역에 영향을 줄 뿐만 아니라 용기와 자신감을 갖게 하고 긍정적인 대인관계 형성에도 큰 도움이 된다.

상담에서 만난 엄마들은 자신의 감정과 상황에 휘둘려서 아이의 감정을 무시하는 경우가 많았다. 안타깝게도 아이들 역시 자신의 감정을 알아차리고 잘 관리하는 방법을 모르며, 다른 사람의 감정에 공감하지 못해 좋은 관계를 유지하는 데 어려움을 겪는 경우가 많았다. 엄마가 먼저 자신의 감정 챙김을 잘할 때 아이의 감정도 안전하게 표현될 수 있다. 엄마의 공감적인 감정 나누기는 아이의 발전적인 행동의 동기로 작용해 성장을 돕는다.

04

성공한 엄마가 되고 싶어요!

출산 직후 조그맣고 연약한 딸을 품에 안았을 때, 어디에선지 모를 힘이 솟아나는 경험을 했다. 그 순간이 바로 여자로서의 삶보다 엄마로서의 삶을 살아가기로 나도 모르게 결심하는 시간이 아니었나 생각된다. 마치 세상을 지키는 원더우먼이 된 느낌이라고 할까! 이렇게 엄마가 되는 순간, 엄마 자신을 위한 것은 포기하고, 아이만을 위해 모든 것을 희생하겠다는 마음이 자연스레 생겨난다. 이것이 모성이다.

모성은 종족 보존을 위해 자연스럽게 생겨난 본능이라고 진화심리학자들은 설명한다. 다른 동물들에 비해 인간의 모성이 발달한 것은 아이가 스스로 생존하기엔 원시의 환경이 그만큼 험악했기 때문이라고 한다.

아이의 성공을 위한 엄마의 역할

딸이 점점 자라면서 아이 생존을 지키기 위한 모성이 아이를 성공시켜야 한다는 것으로 변해갔다. 아이의 성공은 엄마인 나의 성공이라는 생각과 함께 무조건적인 헌신을 통해서만 성공할 수 있다는 믿음을 가졌다.

딸이 네 살이 될 무렵엔 지역 대학 부설 어린이집에 입학시키기 위해 친정 부모님까지 동원해서 줄을 서기도 했고, 아이의 인지 능력을 높이기 위해 여러 가지 교구를 사서 수업을 시켰다. 대학에서 운영하는 창의력 센터나 영어 학원을 데리고 다니기도 했다. 당시 나는 밤늦게 끝나는 수업으로 몸이 지쳐 있었지만, 딸아이를 위해 시간을 내어 주변에서 좋다는 수업이나 학원들을 찾아다녔다. 이런 고생쯤은 아이 미래의 성공을 위해 엄마로서 당연히 감내해야 할 몫이라고 생각했다.

딸이 초등학교에 들어간 뒤에는 아이가 학교 과제물을 완벽하게 할 수 있도록 밤을 새우면서 대신해주었다. 과학, 수학, 영어, 미술, 음악, 시 낭송, 독서 등 각종 대회에 참석시켜 아이의 존재감을 학교에 알리려고 애썼다. 대회가 있을 때면 대회 준비로 집은 초비상 사태가 되었고, 힘들어하는 아이에게 달콤한 성공의 열매를 위해서는 참아야 한다고 가르쳤다. 교외 대회에 참여할 때는 그 대회의 성격, 지난 대회 입상한 작품이나 아이들 성향까지 정보를 입수하고 분석하여 딸을 준비시키기도 했다. 딸은 참여하는 대회마다 우수한 성적으로 상을 받았고, 그때마다 끝까지 뒷바라지를 해야겠다는 결심은 더 강해졌다.

딸이 고학년이 되면서는 유명한 학원이 있는 곳으로 원정 수업을 보냈다. 일주일에 서너 차례씩 가는 딸아이 수업을 위해 나와 남편의 스케줄을 조정해야 했고, 이런 문제로 남편과 크고 작은 싸움을 하기도 했다. 아이의 성공을 위해 부모로서의 역할이 중요하다는 말로 매번 항변해보았지만 남편과 입장 차가 좁혀지지 않는 경우가 많았다. 남편은 밤늦은 시간까지 일하는 데다 건강에도 문제가 있는 내가 딸만 우선시해 행동하는 나를 유난스럽다고 생각했다.

엄마의 변질된 모성

돌이켜보면 당시에 사회적으로 당당하게 인정받는 친구들과 나를 끊임없이 비교하면서 아이를 성공시켜 엄마로서 성공적인 삶을 보상받고 싶은 욕구가 강했던 것 같다. 아이가 성공해야 내가 성공한 것이 되니 아무리 힘들어도 견뎌내고 노력해야 한다고 생각했었던 것이다. 결국 엄마의 변질된 모성 때문에 딸은 많은 아픔을 혼자서 견디며 아파했다.

지금도 어느 곳에서 아이를 성공시키기 위해 이것저것 방법을 찾고 있거나, 뒷바라지를 못하는 자신을 한없이 원망하는 엄마가 있다면 바로 멈춰라. 아이의 성공을 바란다면 지금 멈추어야 한다. 아이는 자신을 성공시키려고 아등바등하는 엄마를 보면서 불안함을 느낀다. 또한 과도한 요구가 전달되어 오히려 삶을 버거워할 수 있다.

성공의 기준은 아이가 스스로가 정하는 것이다. 엄마가 정한 잣대로 아이의 성공 여부를 판단해서도 안 된다. 진정한 모성은 아이를 성공시키는 것이 아니라 아이의 마음을 편안하고 안정되게 하는 것임을 잊지 말아야 한다.

05

부부싸움의 최대 피해자는 아이다

결혼식장에서 신랑, 신부가 많은 사람들 앞에서 혼인서약을 하는 장면을 보면 가슴이 뭉클해진다. 내 기억 저편 어딘가에 있던 사랑의 맹세가 떠올라 여러 가지 생각이 스친다. 식장에서 꿈꾸었던 다짐이 얼마나 무력한 것인지를 깨닫는 데 그리 오랜 시간이 걸리지 않았다. 결혼이란 삶의 현장은 상상 이상이었다.

부부는 결혼과 함께 갈등을 경험한다. 사실 서로 다른 가정환경과 가치관을 가진 두 사람이 만나 가정을 꾸리고 살면서 여러 가지 의견 대립이 있는 것은 당연한 일이다. 부부싸움 없이 결혼생활을 유지하는 부부는 드물 것이다. 2013년 취업 포털 사이트 '커리어'가 기혼 직장인 278명을 대상으로 '부부싸움'을 주제로 한 설문조사에서 직장인은 일주일에 평균 1.9회 부부싸움을 한다는 결과가 나왔다.

양가 가정 문제, 경제적 문제, 양육 문제 등 크고 작은 이유로 부부 사이에 목소리가 커지고, 서로 상처 되는 말을 주고받으면서 부부싸움이 시작된다.

이혼까지 가는 극단적인 경우로 이어지지 않는다면 부부싸움은 서로의 의견을 조율하는 필수 불가결한 방법일지 모른다. '부부싸움은 칼로 물 베기'라는 속담이 있다. 부부는 싸움을 해도 화합하기 쉬움을 비유적으로 이르는 말이다. 하지만 엄마, 아빠의 싸움을 지켜보는 아이도 이렇게 생각할까?

나 때문에 엄마, 아빠가 싸우시나?

부부싸움을 하는 당사자들도 힘들고 괴로운 일이지만, 그 장면을 고스란히 지켜보는 아이가 받는 스트레스는 전쟁터에 나간 군인과 같을 만큼 상상을 초월한다. 아이는 어떻게 해야 할지 몰라 숨을 죽이거나 울고, 뭔가 큰일이 난 것 같아서 안절부절못한다. 또한 자신이 무언가를 잘못해서 부모님이 싸우는 것일지도 모른다는 생각을 한다. 무엇보다 엄마, 아빠가 자신을 떠날지도 모른다는 극도의 두려움과 불안을 경험한다. 부부싸움을 많이 하는 부모 밑에서 자란 아이는 스트레스 호르몬인 코르티솔이나 분노 호르몬인 노르아드레날린 분비가 많아진다고 한다.

상담센터에서 만난 다빈이 엄마는 우울증을 앓고 있었다. 33

세인 다빈이 엄마는 2년 전 다빈이를 낳고 심한 산후우울증이 시작되었는데 점차 증세가 심해지고 있었다. 진료를 받고 약을 복용하면서 답답한 마음을 하소연하고 싶어 상담을 신청했다. 다빈이 엄마는 최근 남편과의 불화로 심각하게 이혼을 생각하고 있는 상태였다. 잦은 외박과 가정을 돌보지 않는 남편에 대한 불만으로 스트레스가 심했다. 아이 앞에서 언성을 높이며 싸우는 일이 잦으면서 다빈이를 돌보는 일조차 힘들었고, 아이에 대한 미안함도 커서 정서적으로 불안정한 상태가 지속되고 있었다.

이런 아내 때문에 다빈이 아빠 역시 몸과 마음이 많이 지쳐 있었다. 아내가 아이를 낳은 후, 심하게 짜증과 불만을 토로하는 모습을 보이자 그 자리를 피하고 싶은 생각에 외박이 늘어난 것이었다. 다빈이 엄마는 아이 키우는 일이 너무 힘들고, 자신을 도와주지 않는 남편에 대한 불만과 자신만 희생한다는 생각으로 억울함과 분노를 호소했다. 다빈이 아빠는 밖에서 힘들게 일하고 집에 돌아와 쉬고 싶은데 아내의 굳은 얼굴과 불만 가득한 말투를 듣게 되니 짜증이 난다고 했다. 두 사람의 불화로 인해 안타깝게도 다빈이만 가장 많은 피해를 보게 되었다.

불행하게도 다빈이 부모처럼 약 67%의 부부가 결혼하고 아이를 낳은 첫 3년 동안 사이가 급격하게 나빠진다고 한다. 아이가 태어나는 일은 부부 중심에서 아이 중심으로 생활이 바뀌는 큰 변화이다. 이 변화 속에서 부부는 각자 스트레스를 겪는다.

부부는 누워 있는 아이가 아무것도 느끼지 못할 것이라고 생각하고 그 앞에서 싸우는데, 이때 아이는 극도의 스트레스를 받는다. 영아인 경우 부모가 싸울 때, 심장박동수와 혈압이 상승한다는 결과들이 이것을 증명한다.

아이 키우기는 정말로 손이 많이 가는 일이다. 그렇기 때문에 부부가 함께 짐을 나누어야 한다. 또한 각자 자신만이 희생하고 있다고 생각하기보다 가정을 위한 소중한 기여임을 스스로 인식해야 한다.

다빈이 부모의 경우는 서로를 사랑하는 마음이 컸기 때문에 상대방이 나를 더 이해해주길 바라는 것이 부부싸움의 큰 원인이었다. 부부 코칭을 통해 서로에 대한 애정 어린 마음을 확인한 후, 갈등을 효과적으로 해소하는 두 사람만의 방식을 정했다.

다빈 아빠의 외박이나 늦은 귀가, 아내의 말을 회피하는 행동이 아내에게 더 많은 상처를 주는 것임을 깨닫게 한 후, 주말에 한 번 집 가까운 공원이나 마트 나들이를 하여 가족이 함께하는 시간을 가지도록 했다. 다빈이 엄마는 남편의 출퇴근 시간에 다빈이를 안고 현관에 나가 인사하기로 약속했다. 그리고 부모 역할에 대한 책임의식을 심어주는 부모 교육을 함께 진행하면서 부부 갈등을 현명하게 해결하는 방법을 찾아나갔다.

사실 아이의 성장 시기별로 나타나는 양육 문제, 교육 문제, 돈 문제 등은 부부싸움의 원인이 된다. 다시 말해 부부가 살아가는 내내 아이도 부부싸움을 보게 된다는 것이다. 아이 입장에선 부부싸움은 보고 또 봐도 익숙하지 않은 불안한 장면이다.

부부싸움은 아이에 대한 학대다

다음은 부부싸움이 자라는 아이에게 미치는 부정적 영향력을 정리한 것이다. 잘 메모해두었다가 부부싸움이 시작되기 전에 부부가 함께 꼭 읽어보길 바란다.

첫째, 엄마, 아빠가 싸우면 아이가 불안해한다.

부모가 싸울 때, 엄마, 아빠가 나타내는 빠른 호흡, 근육 긴장 등의 신체 반응을 아이도 그대로 보인다. 아이는 부부가 싸우면서 내는 높고, 신경질적이며, 적대감이 담긴 목소리를 들으면 공포와 불안 반응을 보인다. 아이에게 부부싸움은 공포영화보다 더한 무서움을 준다. 부부싸움을 보고 자란 아이는 작은 소리에도 깜짝깜짝 놀라며 불안해한다. 소심하고 눈치 보는 아이로 자랄 가능성이 높다.

둘째, 아이의 감정 제어 능력을 떨어뜨린다.

부부가 자주 싸우는 가정일수록 아이가 자신을 보호하기 위해 경계심을 강화하는 과한 각성 심리 상태를 나타낸다(미국 뉴욕 대학과 노스캐롤라이나 대학 채플힐 캠퍼스 연구 결과). 아이가 지속적으로 정상적이지 않은 불안 반응을 보일 수 있으며, 과한 불안을 넘어 공포감까지 느끼게 되어 심각한 심리적 손상으로 힘들어할 가능성이 높다. 성인이 되었을 때 우울증, 외상 후 스트레스 장애, 범불안 장애, 공격충동, 충동조절장애 등을 겪는 경우가 일반인보다 훨씬 높게 나타난다(미국 시애틀의 고트맨 학회 연구 결과).

셋째, 아이의 몸을 망가뜨린다.

부모의 잦은 싸움을 경험한 아이는 배나 머리가 자주 아프다는 말을 한다. 부부싸움은 아이에게 스트레스 호르몬 코르티솔 수치를 증가시켜 아이가 질병에 걸릴 확률이 높고, 단 음식을 찾게 되어 폭식과 과식으로 비만이 될 가능성이 있다(미국 로체스터 대학교 연구).

또한 얼굴빛이 어둡고 인상이 안 좋아지며, 특히 딸의 얼굴 윤곽이 남성적 특성을 보이는 경우가 많다(영국 세인트 앤드루스 대학교의 연구 결과). 딸이 부부싸움을 보면서 분노가 증가하여 남성 호르몬의 일종인 테스토스테론을 자극해 얼굴 윤곽이 남성형으로 변한다는 것이다. 그뿐만 아니라 11세 미만의 아이가 오랫동안 부부싸움을 접한 경우 소뇌가 일반인보다 작아 평형감각이 굉장히 떨어지며, 성장 후 정신병이 발병할 확률이 높다(이스트앵글리아 대학교 연구).

넷째, 아이의 공격 성향과 폭음 행동을 높인다.

부부싸움은 아이의 미래에도 큰 영향을 주는데, 아이는 싸움의 원인이 자신이라 생각하고 죄책감과 극심한 스트레스에 시달린다. 특히 아이의 두뇌 발달이 이루어지지 않은 상태에서 스트레스에 시달리다 보면 뇌 발달이 저해되어 공격적인 성향과 폭음 성향이 높아진다(미국 코넬 대학교 연구팀). 국내 대학교 연구에서도 아이가 태어나면서 성장하기까지 부부싸움을 목격하게 되는 가정환경이 공격성 유전자 발현을 촉진할 수 있다고 밝혔다(KAIST 생명과학과).

다섯째, 부적응 아이를 만든다.

부모의 갈등을 보며 자란 아이는 대개 친구와 잘 어울리지 못한다. 부부싸움과 폭력에 장기간 노출된 아이는 알게 모르게 학습된다. 친구와 갈등이 생겨 화가 나면 때려도 되고, 무시해도 된다고 생각하여 원만한 또래관계를 유지하기 어렵다. 학교생활도 잘하지 못해 중도에 학교를 그만두는 경우가 생기고, 집중력이 떨어져 학습 능력과 성적이 좋지 않다는 연구 보고도 있다(미국 교육연구소). 또한 타인에게 자주 화를 내거나 습관적으로 거짓말을 하는 등의 행동들도 나타난다.

이처럼 부부싸움은 부부의 문제를 떠나 아이가 잘못될 수 있는 학대라는 사회적 인식을 높일 필요가 있다.

어쩔 수 없다면 현명하게 싸워라

부부싸움을 피하려고 했지만 어쩔 수 없이 싸우게 되었다면, 현명하게 싸워야 한다. 부부 사이에 감정의 앙금이 남지 않는 것도 중요하며, 특히 부부가 의견이 다를 때 어떻게 해결하려고 노력하는지를 아이에게 보여주는 과정이 무엇보다도 필요하다.

☞부부가 논의하여 싸움의 적정선을 만들어라.

평소 상대방의 어떤 말이나 행동이 부부싸움을 일으키는지 알아보고, 불가피하게 싸움을 하게 된다면 어느 선까지만 한다는 규칙을 세우면 좋다. 이렇게 정한 규칙을 정리하여 눈에 잘 보이는 곳에 붙여두어 부부싸움이 시작될 때 한 번 읽어보길 권한다. 부부싸움을 하다 보면 감정이 격해져 폭력과 욕설 등을 아이 앞에서 할 수 있는데, 부부가 함께 만든 규칙이 있으면 극단적인 행동은 하지 않게 된다.

☞부부싸움, 아이에게 솔직히 설명하라.

부모는 가정의 공기와 같은 존재이기 때문에 아이 모르게 싸운다는 것이 쉽지 않다. 아이도 이상한 기류를 느끼고 알아차린다. 어떤 일로 서로 의견이 다르고, 그것을 해결하기 위해 노력하고 있다는 것을 아이에게 알려주는 편이 낫다. 오히려 이런 부모의 모습을 보고 자신 때문에 싸우는 것이 아님을 알게 되어 아이는 죄책감에서 벗어나고 덜 불안해진다. 또한 갈등이 생겼을 때 해결하는 방법에 대해서도 배우게 된다.

☞아이를 희생물로 활용하지 마라.

부부싸움을 한 후에 아이를 중간에 두고 편 가르기를 하는 경우가 많다. 서로 아이를 자기 편으로 만들려고 하는데, 아이에게 한쪽 부모의 일방적인 생각을 주입시켜 다른 쪽 부모에 대해서는 원망하는 마음과 갈등을 겪게 한다. 이런 행동은 아이에게 패배감과 비겁함을 심어준다. 아이는 자신이 어떻게 행동해도 부모의 싸움을 막을 수 없다는 생각이 들기 때문이다.

☞잠시 갈등의 순간에서 벗어나라.

부부싸움이 진행되다 보면, 격앙된 상태가 되어 차분하고 이성적으로 이야기를 나눌 수 없다. 이럴 경우에는 잠시 그 자리를 벗어나는 것도 좋은 방법이 될 수 있다. 서로가 생각할 시간을 가지면 마음이 안정되어 다시 진지하게 이야기를 나눌 마음의 여유가 생긴다.

☞다섯째, 부부가 서로 화해하는 모습을 보여라.

아이 앞에서 진지하게 서로 잘못을 인정하고 용서를 구하는 모습을 보이는 것은 아주 중요하다. 이런 모습은 아이의 불안감을 사라지게 하고 마음을 편안하게 만들어 정서적 안정감을 갖게 한다.

아이는 부모라는 작은 사회적 관계를 보고 성장한다. 부모의 관계 방식을 그대로 배운다. 따라서 부부 관계를 개선하려고 노력하는 모습을 보여주어야 한다. 지금의 우리 부부 모습이 바로 내 아들, 딸의 미래 부부 모습임을 명심하기 바란다.

5장

엄마의 패러다임 바꾸기 1 : 나 자신 돌아보기

01

어린 시절의 나를 돌아보다 : 굿바이 상처, 굿 엄마

최근 친구들 모임에서 자식 이야기보다 부모님 이야기를 자주 하게 된다. 다들 그렇게 닮고 싶지 않은 부모의 모습을 닮아가고 있고, 그것을 내 자식도 물려받고 있어 놀랍다는 반응을 보인다. 부모 삶의 형태가 나로, 내 아이로 이어지고 있는 것이다.

상처를 준 부모 때문에 힘들어하는 아이들 대부분은 상처받은 부모가 있었다. 심리적 손상의 대물림이다. 어릴 때 보고 들은 부모의 말과 행동은 습관적으로 무의식 속에서 차곡차곡 마일리지로 쌓여 자신의 신념이 된다. 이것은 마치 운명처럼 '내가 어떤 사람이 될지', '어떤 부모가 될지'를 결정짓는다.

우리 모두는 각자의 모양이 다를 뿐 부모로부터 받은 치유되지 않은 상처들이 있다. 그리고 치유되지 않은 상처를 안고 부모가 된다. 내 안에 울고 있는 또 다른 나를 품고 아이를 키우는 것이다. 과거의 모든 느낌이 지금 여기 있는 내 아이에게로 고대로 전해진다. 이 말은 자라면서 들은 부모의 목소리를 자신의 내부에 심어놓고 계속해서 듣게 되고 무의식중에 나를 통해 내 아이에게 전달된다는 의미다. 다시 말해 부모가 자신을 돌보던 방식으로 내 아이를 돌본다.

가족의 심리적 대물림

엄마와의 갈등이 심해 학교까지 그만둔 하영이는 엄마와 참 많이 닮아 있었다. 마흔 초반인 하영 엄마는 친정엄마에 대한 미움과 원망이 심해 우울증 약을 몇 년째 먹고 있었다.

"둘째인 저는 엄마의 화풀이 대상이었어요. 친정엄마는 어릴 때부터 아버지에 대한 분풀이를 제게 하셨어요. 오빠는 아들이라서, 동생은 어리다고 말하지 않았어요. 커서는 제가 벌어온 돈으로 가족이 살았는데도 고맙다는 말 한마디를 하지 않으셨어요. 평생 저를 분풀이 도구로만 생각하고 사랑해준 적 없는 엄마한테 너무 화가 나요."

하영이 외할머니는 남편이 집에 들어오지 않는 것이 하영 엄마를 임신하게 되었기 때문이라고 생각했고, 모든 탓을 어린 하영이 엄마에게 쏟아부었다. 하영이 엄마는 어린 마음에 엄마를 힘들게 하지 않으려고 자신이 원하는 일보다는 엄마가 원하는 일을 했지만, 칭찬보다는 점점 더 요구가 많아졌다고 한다. 엄마에 대한 외사랑은 자라면서 주변 사람에게로 옮아갔고, 과한 애정 표현을 버거워한 다른 사람들이 하영이 엄마를 점점 멀리하게 되어 마음의 병도 깊어졌다. 시간이 갈수록 남편과 아이들에게 더 집착하게 되면서 가족 간의 갈등도 심해졌다.

특히 내성적이고 수줍은 많은 하영이가 엄마의 집중적인 시달림을 받는 대상이 되었다. 엄마는 자신의 모습과 가장 닮은 하영이가 자신의 '내면 아이'로 보였던 것이다. **'내면 아이'란 자신이 받아온 좋지 못한 경험에 의해 무시하고 등한시했던 나의 그림자(shadow)이다.** 엄마로부터 받은 무관심이 자식에게 지나친 간섭의 형태로 이어져 또 다른 상처받은 아이를 만들어낸다.

아버지와의 갈등이 심해서 나를 찾아온 대학생 민우는 심각하게 자퇴를 고민하고 있었다. 민우 아버지는 자신이 가장 옳은 사람이라고 주장하면서 가족들의 말을 무시했다. 민우는 아버지가 정해준 학과에 입학했고, 자신의 적성에 맞지 않아 자퇴를 하려 했으나, 아버지의 반대로 이러지도 저러지도 못해 답답한 마음을 가지고 있었다.

강압적이고 권위적인 부모 밑에서 자란 아이들은 절대로 말해서는 안 되는 자신만의 비밀을 가지고 있는 경우가 많다. 민우도 연극을 하고 싶은 마음을 숨기고 있었고, 고등학교 때는 아버지 몰래 연극 동아리에 들어가기도 했다. 민우처럼 비밀과 규칙을 많이 가진 아이들은 부정적인 정체성을 형성하고, 결국 심리적으로 부모를 의존한다. 자신의 고유한 특성을 포기한 채 부모가 원하는 역할을 감당하면서 더욱더 의존적으로 되어간다.

어렸을 때부터 부모에게 정서적 학대를 경험한 하영이 엄마와 민우의 경우도 부모에게 의존하지 않으면 살아갈 수 없는 의존형 성인으로 자라난 것이다. 아버지가 엄마를 폭행하는 모습을 보고 자란 아들이 결혼해서 더 심하게 아내를 폭행하는 가해자가 된다는 보고는 가족의 심리적 대물림을 증명하고 있다.

상처 입은 '내면 아이'를 만나자

학부모 강연에서 나는 항상 부모와의 첫 기억을 떠올려보라고 말한다. 부모와의 첫 기억은 내 아이와의 관계를 살펴보는 중요한 열쇠가 되고, 부모 자신을 이해하는 데 도움이 되기 때문이다. 내 부모와의 첫 기억은 지금 내 아이와 관계를 맺는 패턴과 일치한다.

엄마가 되기 전에 시간을 내어 나와 부모와의 관계를 되짚어볼 필요가 있다. 나의 탄생이 준비된 것인지? 어느 정도 부모가 준비했는지? 특히 내가 엄마의 감정 상태를 어떻게 경험했는지를 알아보는 것이 아주 중요하다. 또 우리 부모의 사이가 어땠는지? 부부 사이가 나쁠수록 나에게 끼친 영향력은 상당히 크기 때문이다.

부모와의 관계 문제를 해결하려면 어린 시절의 기억 여행을 통해 상처 입은 '내면 아이'를 만나 치유하는 시간이 반드시 필요하다. 그래야 심리적으로 건강한 모습이 될 수 있다. 성숙한 엄마가 되기 위해서는 힘들어도 내 안에 있는 '내면 아이'와 마주하는 진정한 용기가 필요하다. 엄마의 정서적인 면은 자녀 양육 과정에서 그대로 드러나고, 그 영향은 고스란히 아이 몫으로 남게 되므로 엄마 자신에 대한 이해가 반드시 필요하다. 자신의 감정을 제대로 이해받지 못한 엄마가 어떻게 아이의 감정을 읽어주어 너그럽고 따뜻하게 양육할 수 있겠는가? 어린 시절 상처가 치유되지 않은 엄마의 마음터에는 아이가 들어올 공간이 없다.

엄마의 삶이 가벼워져야 아이는 행복하게 자랄 수 있다. '나는 어떤 엄마가 되기를 원하는지?', '내가 갖고 있는 엄마로서의 강점은 무엇이고, 약점은 무엇인지?', '단점은 어떻게 보완할 것인지?'에 대한 엄마 성장 보고서를 적어보길 권한다. 이런 작은 과정을 통해 큰 변화를 만들 수 있다.

<엄마 성장 보고서 : 엄마이기에 더욱 빛나는 질문들>

- 진정한 삶의 의미는?
- 지금 난 잘 살아가고 있나?
- 행복을 위해 어떻게 살아야 하지?
- 아이가 살기 좋은 세상을 어떻게 만들까?

02

완벽한 엄마가 되려는 마음 내려놓기

백화점에 갈 일이 있으면 간혹 아동 매장이 있는 층에 가곤 한다. 부모 상담 전문가로서, 상담실 밖 생활 속에서 부모와 자녀 간의 관계 패턴을 관찰하는 일은 상담과 연구에 좋은 주제가 되기 때문이다. 그곳에서 본 엄마들은 아이에게 좋은 옷과 장난감, 가구들을 사주기 위해 이것저것 구경하고 직원들의 설명도 아주 열심히 듣는다. 내 아이에게만은 좋은 것을 해주고 싶다는 간절함이 느껴진다.

직원이 은근히 이것도 사주지 못하면 엄마 자격이 안 된다며 자존심을 자극하거나, 이 정도는 다른 아이들도 가지고 있다는 말을 듣는 순간, 엄마들 손이 지갑을 열고 있다. '내 아이를 남보다 뒤떨어지지 않게 키우고 싶다.', '최고로 키우고 싶다.'는 엄마

심정을 읽을 수 있었다. 아이에게 최선을 다하고 싶은 게 당연한 엄마 마음이다.

하지만 엄마들이 중요하게 생각해볼 것이 있다. 아이가 입고 쓸 물건들에 대해 아이의 의견을 묻기보다 엄마 자신의 만족감과 과시욕이 아닌지 점검할 필요가 있다.

나 또한 아이를 위해 모든 걸 다 해주는 완벽한 엄마이고 싶은 사람이었다. 아이가 원하기 전에 미리 알아서 해주는 엄마였던 나는 정작 아이가 세상에 나가서 적응을 잘 못하고 위축된다는 사실을 하나둘 대가를 치르면서 깨닫게 되었다. 이런 내 모습을 보면서 안타까워 던지는 남편의 말은 위로가 아니라 총알이 되어 가슴에 박혀 남편과의 불화도 잦아졌다. 남편과 주변 사람들에게 더 좋은 엄마임을 증명하려는 듯 더 악을 쓰면서 살았다. 내가 완전히 소진되어서라도 아이를 잘 키우겠다는 마음은 종교에 가까웠다.

지금 생각해보면 당시에는 나에 대한 확신이 없으니 자꾸 남을 의식하고, 남들이 이쪽이 좋다 그러면 이쪽으로, 또 저쪽이 더 좋다고 하면 저쪽으로 갔다. 또한 일하는 엄마라 아이와 함께 시간을 보내지 못한 데 대한 죄책감까지 더해져 완벽한 엄마, 좋은 엄마가 되어야 한다는 당위성이 삶의 목표였다.

자긍심 있는 능동적인 엄마 되기

중학교 1학년인 준서 엄마는 일의 특성상 일정치 못한 근무 시간 때문에 아이를 잘 돌보지 못했다는 죄책감이 컸다. 아이가 학교에서 친구를 폭행하거나 절도를 하는 행동들은 자신이 아이와 함께 시간을 보내지 못했기 때문에 비롯된 것이라고 생각했다. 그래서 상담실에 올 때마다 죄송하다, 아이에게 미안하다는 말을 했다. 준서 엄마는 아이의 모든 잘못이 엄마의 역할에 최선을 다하지 못했기 때문에 생긴 일이라고 자책하며 살고 있었다.

준서 엄마는 스스로를 가치 있는 사람이라고 생각하지 않았다. 대학병원 수간호사로 능력을 인정받는 사람임에도 불구하고 스스로를 보잘것없는 존재로 여겼다. 형제들에 비해 학벌이 낮아 늘 주눅이 들어 살아왔기 때문이다.

준서 엄마처럼 자신이 보잘것없는 존재라고 생각하는 엄마들 가운데 완벽한 엄마가 되고자 하는 경우가 많다. 완벽한 엄마가 되고자 하는 엄마들은 자신의 모든 것을 쏟아붓고도 모자람이 있어 아이가 잘못되었다고 생각한다. 그리고 아이 문제를 내 문제로 받아들여 내가 더 노력해야 한다는 다짐을 한다.

반면 자긍심이 있는 건강한 엄마들은 '무조건 내 탓인 건 아니야. 네 탓인 문제도 있어.'라고 생각하여 문제를 능동적으로 해결하려 한다. 그리고 자신이 할 수 있을 만큼의 범위 안에서 최선을 다한다.

열등감에 싸여 있는 엄마들은 혹시나 내가 잘못해서 아이가 나빠진 것이 아닌가 하는 불안감을 가지고 있다. 당당하지 못한 나를 대신할 아이를 통해 엄마의 채워지지 않는 욕구를 채우려 한다. 아이의 성공이 곧 나의 성공이라고 생각하므로 '완벽한 엄마'가 되어야만 한다는 강박적 신념을 갖는 것이다.

그래서 내 아이가 다른 아이보다 뒤처지면 불안해하고, 아이가 남들 앞에서 못난 모습을 보이면 내가 못난이가 된 것 같은 느낌이 들어 아이를 다그친다. 못난 엄마인 자신의 방패막이가 되어야 할 아이가 그 역할을 제대로 하지 못한 것에 대한 불안과 분노를 느끼고, 이런 마음이 든 자신을 다시 자책하고 아이에게 또다시 미안함을 느끼는 악순환이 계속되면서 아이의 문제행동의 정도는 더욱 심각해진다.

엄마와 아이의 갈등이 빈번해지는 시기는 사춘기가 시작될 무렵이다. 보통 자신의 목소리를 내기 시작하는 시기인 초등 4~5학년 때부터다. 혼신으로 키운 내 아이로부터 마음의 스크래치를 처음 경험하는 순간이다. 사춘기에 접어든 아이들은 엄마의 행동에 대해 불만이 늘어나고, 간섭하지 말라는 짜증 섞인 말을 자주 하면서 갈등의 골이 깊어진다. 대부분 엄마들은 말을 잘 듣던 아이의 변화에 무척 당황스러워하고, 아이에게 분노를 터트린다. 또한 엄마 자신의 삶이 흔들리는 것을 느끼고, 정서적으로 불안정한 상태를 경험한다.

완벽하고 좋은 엄마가 되고자 하는 마음은 이해하지만, 자신의 모든 것을 쏟아붓는 것이 진정한 엄마의 사랑이라고 포장해선 안 된다. 엄마의 어릴 적 받은 결핍과 보상 욕구가 심할수록 완벽을 추구하는 엄마가 될 가능성이 높다. **완벽하고 좋은 엄마 환상은 아이가 받고 싶은 사랑을 주는 것이 아니라 내가 주고 싶은 사랑을 일방적으로 주는 비뚤어진 열의로 작용한다.** 이것은 굳센 생명력을 지닌 채, 내 삶의 전부가 되게 한다.

아이는 내 뜻대로 움직이는 인형이 아니다. 왜곡된 모성애는 아이를 망치게 한다는 사실을 깨달아야 한다. '아이 키우기'는 아이와 엄마가 함께 춤을 추는 것과 같다. 한쪽이 이끄는 대로 따라가는 것이 아니라 리듬에 맞춰 둘이 함께 호흡해야 멋진 춤사위가 만들어진다.

아이는 모든 것을 다 해주는 완벽한 엄마가 필요한 것이 아니다. 부족하면 부족한 대로 엄마와 아이가 함께 채워가면서 성장해가는 것이다.

가진 조건에서 조금 더 노력하되, 완벽주의에 갇히지는 말자. 그래야 비로소 아이 키우기의 의미와 즐거움을 제대로 누릴 수 있다. 완벽한 엄마가 좋은 엄마는 아니다. 완벽한 엄마보다 아이를 사랑하는 진짜 엄마가 되자!

다음에 제시하는 '완벽한 엄마 마음 내려놓기' 5단계 프로젝트 중 1단계부터 하루에 두 번 아침저녁으로 일주일간 소리 내어 읽고, 그다음 단계도 같은 횟수와 방법으로 반복하길 권한다. 하루에 두 번 소리 내어 읽는 작은 습관만으로도 마음이 한결 편안해질 것이다. 그러고 나면 아이를 대하는 엄마 마음도 가벼워져 아이 마음도 가벼워진다.

'완벽한 엄마 마음 내려놓기' 5단계 프로젝트

1단계 : 엄마의 창에 아이를 끼워 맞추지 마라

나의 부모로부터 받은 결핍과 과도한 사랑이 엄마인 나 자신의 열등감을 만들었습니다. 내가 가진 열등감 때문에 내 아이에게 너무 집착하게 되었습니다. 그리고 더 잘해주지 못해 미안한 마음을 갖게 되었습니다. 엄마인 지금의 내 모습을 있는 그대로 인정하여 자신감 있는 엄마가 되겠습니다. 그래야 우리 아이도 자신감을 가지게 되니까요!

2단계 : 엄마 스스로를 사랑하기

엄마 스스로를 사랑하지 않는 엄마에게서 자란 아이들이 자신을 사랑하는 법을 배우지 못한다고 합니다. '내가 누구인지?', '어떤 좋은 점과 나쁜 점을 가지고 있는지?', '하고 싶어 하는 것이 무엇인지?'를 엄마인 나 스스로 질문하고 답하면서 아이를 아끼는 엄마가 되겠습니다.

3단계 : 미래에 대한 두려움 걷어내기

아이의 미래, 나의 미래에 대해 두려움을 갖기보다 기대를 가져보겠습니다. 가정의 중심인 엄마가 되어 아이를 키우는 중요한 일을 하는데 무엇이 두렵겠습니까?

4단계 : 아이에게 권리 이양하기

엄마가 아이의 일을 모두 봐주어야 한다는 생각에서 벗어나겠습니다. 아이는 나름의 생각을 가진 인격체이므로 스스로 생각하고 행동할 수 있도록 해주겠습니다. 그래야 인생 설계자로 웬만한 어려움은 스스로 이겨내는 존재로 자라나게 되니까요!

5단계 : 남편과 손 맞잡고 아빠 자리 만들기

아이 키우기는 부부의 공동 작품입니다. 남편이 육아에 관심이 없다고 불평하기 전에 아빠 자리를 만들어주겠습니다. 아빠 자리를 느낄 수 있도록 도움을 청하겠습니다. 엄마가 아무리 잘한다 해도 아빠만이 할 수 있는 역할이 있습니다. 남편만큼 우리 아이를 가장 잘 알고 아끼는 사람은 없으니까요!

03

엄마의 양육 태도와 양육 스트레스 대처하기

간혹 대형 마트 장난감 코너에서 바닥에 엎드려 버둥거리며 우는 아이를 보곤 한다. 부모는 주변 사람들의 시선이 집중되어 무척 당황스럽고 난감한 표정으로 아이를 바라보고 있다. 울음소리가 점점 커지는 아이의 모습에 창피하고 속상한 부모는 다음 중 하나의 반응을 보인다.

- 울음을 달래기 위해 결국 원하는 장난감을 사준다.
- 엄하게 야단쳐서 아이를 제압한다.
- 아이를 때려서 말린다.
- 달래고 얼러서 장난감을 대신할 다른 것을 제안한다.
- 아이를 그 자리에 두고 가버린다.

아이의 행동과 감정에 대처하는 방법을 보면 어떤 유형의 부모인지 알 수 있다. 부모의 양육 태도는 아이의 성장과 발달, 사회성에 영향을 주는 주요한 요인이다. 부모의 태도에 따라 아이는 스스로 건강한 자기개념과 자기 조절 능력을 갖추게 되어 바람직한 생활 습관과 행동 양식을 가진 사람으로 성장한다.

발달심리학자 다이애나 바움린드(Diana Baumrind)는 부모의 양육 태도를 네 가지 유형으로 나누어 설명했다.

- **엄마, 아빠 말이 곧 법이야, 독재적인 유형(authoritarian)**

이 유형의 부모는 아동의 행동을 모든 면에서 통제하고자 한다. 권위주의적 신념과 태도를 가지고 있는 부모로서 자신이 바라는 대로 아이가 복종하기를 바란다. 보통 복종의 이유는 불분명하고, 아이에게 많은 요구를 하지만 오히려 자녀의 요구에는 둔감한 반응을 보인다. 부모는 아이가 수행해야 할 절대적 기준을 정해놓고 아이의 행동을 평가하기 때문에 엄하고 처벌적이다. 때로는 부모 자신의 힘을 사용해 아이에게 강압적인 요구를 하며 폭행하기도 한다. 아이의 말을 귀담아듣지 않고 모든 결정을 내리는 태도를 보여 아이의 자율성이 침해된다.

이러한 양육 형태에서 자란 아이는 자기 존중감과 자기 신뢰감이 낮고, 스스로 생각하는 힘이 길러지지 않아 독창적인 사고가 부족하다. 그저 부모에게 인정받고자 애쓰는 모습만을 보인다. 또한 성장 과정에서 불안과 타인 공격성향을 보이고, 비교적 목표가 없어 학생 생활 이외의 모든 부분에서 수행 능력이 떨어진다. 심한 경우 기본적 신뢰 부족으로 타인에게 적대적이며 불신의 태도를 보인다.

독재적 부모의 특징

① 부모의 절대적 기준으로 아이를 평가하여 엄하고 처벌적인 태도를 보인다.
② 아이의 감정을 무시하고 잘못된 것이라고 비난한다.
③ 아이의 요구 사항에 대해 단호하게 잘라버린다.
④ 아이의 부정적 감정은 나쁜 성격을 형성하게 하는 원인이라 여겨 매를 들어서 없애려 하거나, 올바른 행동을 가르쳐야 한다고 생각한다.

아이의 특징

① 침울하고 주도권을 갖지 못한다.
② 사회성이 낮고 지나치게 남을 공격한다.
③ 목표가 별로 없다.

• **엄마, 아빠는 무조건 네 편이야, 허용적인 유형**(permissive)

이 유형의 부모는 아이를 성인처럼 다루며 권위를 과시하려 하지 않는다. 아이에게 온건하고 수용적이며 애정적으로 반응하지만 통제하는 일이 거의 없다. 또한 아이의 충동과 요구를 모두 수용하고 처벌하지 않으며, 책임이나 규칙 준수에 대한 요구도 하지 않는 편이다. 즉 부모는 아이에게 제한을 가하지 않고, 아이 스스로 자신의 행동을 결정하기를 원한다. 이러한 양육 형태에서 자란 아이는 자기중심적이며, 충동적이고, 자주 으스대는 행동을 보인다. 또한 불복종하며 반항적이고 책임감이 부족한 모습도 나타난다. 자기 통제력이 부족하여 자신의 일을 자주 바꾸거나 독립성이 낮아 부모에게 지나치게 의존하고 요구하는 태도를 보인다.

허용적 부모의 특징

① 아이의 모든 행동에 대해서 제한을 두지 않는다.
② 아이의 모든 감정을 다 받아준다.
③ 아이가 부정적 감정을 표출하면 모든 것을 허용하고 해결해준다.
④ 아이의 감정과 행동을 올바른 방향으로 이끌어주지 못한다.

아이의 특징

① 자아 통제, 자아존중감이 낮다.
② 자기중심적이고 충동적이다.
③ 독립성과 성취력이 낮다.
④ 사회성이 낮고 불친절하며 타인을 존중하지 않는다.

- **부모는 부모대로, 너는 너대로, 거부적/무시적 유형**(rejecting/neglecting)

이 유형의 부모는 아이의 요구에 반응하지 않고, 행동에 대한 기준도 세우지 않는 양육 태도를 취한다. 아이를 거부하는 양상을 보이거나 아이의 요구 자체에 관심을 갖지 않고, 부모로서 책임지는 태도를 보이지 않는다. 이러한 양육 태도는 부모의 과중한 직장 업무, 우울증 등 다양한 이유로 나타난다. 이 양육 형태로 자란 아이는 정서적으로 자기 조절의 어려움과 반사회적 행동을 보일 수 있다.

거부적/무시적 부모의 특징

① 아이의 감정을 대수롭지 않게 여기거나 간단하게 무시한다.
② 아이의 행동과 감정은 시간이 지나면 저절로 사라진다고 생각한다.
③ 부모 자신의 현실적 문제와 정서적 문제로 아이를 책임지려는 태도를 보이지 않는다.

아이의 특징

① 사회적응력에 어려움이 많다.
② 정신 건강이나 지능에 문제가 있다.
③ 공격성과 분노, 반사회적 행동을 보인다.

- **사랑과 원칙으로, 권위 있는(authoritative) 유형**

네 가지 양육 태도 중 아이들이 가장 잘 성장할 수 있는 유형이다. 이 유형의 부모는 합리적인 제한 속에서 아이의 자율성 발달을 강조한다. 아이에게 높은 애정과 수용, 관여를 가지고 따뜻하게 반응하는 모습과 일관된 양육 태도를 보임으로써 정서적으로 안정된 관계를 형성한다. 또한 아이의 말을 경청하고, 상황에 따라서는 적절한 통제를 하면서 아이의 요구에 세심하게 반응한다. 부모는 아이의 자주적이고 독립적인 노력을 적극적으로 후원하기도 한다.

부모는 스스로 성숙한 행동에 대한 확고한 원칙을 설정하고, 그것을 지킬 것을 요구한다. 하지만 그러한 의사결정과 지시에 대한 이유를 반드시 설명하고, 아이가 자신의 행동이 어떤 결과를 낳을지 생각할 수 있도록 수준에 맞는 대화법으로 이끌어간다. 이들 부모는 이성적 설득과 명백한 권위를 가지고 아이와 의사소통을 하여, 적절한 대안 행동을 제시하고 반영하는 태도를 취한다. 이것은 아이의 적절한 자율성을 높일 수 있다. 이러한 양육 형태는 아이에게 높은 자기 존중감과 유능감, 독립심, 사회

권위 있는 부모의 특징

① 부모만의 확고한 원칙을 가지고 일관된 양육 태도를 보인다.
② 아이의 감정을 받아주되 행동에 대해서 제한을 둔다.
③ 아이의 욕구와 그에 수반된 감정에 대해 민감하게 반응한다.
④ 아이가 스스로 문제를 해결하도록 지지한다.
⑤ 부모의 애정 속에서 합리적인 훈육을 통해 아이의 자율성을 높인다.

아이의 특징

① 타인에 대한 이해도가 높다.
② 협동과 타협 등의 친사회적 행동을 보인다.
③ 자기 신뢰와 타인 신뢰가 높다.
④ 책임감이 있고, 목표 지향적이다.

적 성숙(psychosocial maturity, 주체성을 가지고 타인과 협력적 관계를 맺는 인격의 발달)을 가지게 한다.

우리나라의 경우 부모의 양육 태도가 마치 패션이나 문화의 유행처럼 바뀌는 모습을 보이기도 했다. 내가 자라던 1970년대는 부모의 권위를 중요하게 여겼던 시대로 무조건 부모의 말에 순종하도록 교육받았다. 그러다가 서구의 민주적인 자녀 교육관을 접하면서 기존의 제한적이고 통제적 부모-자녀관계가 아이의 무조건 동의를 허용하는 자율적 부모-자녀관계로 변화되었다.

위에서 살펴본 것처럼 양극단의 부모 양육 태도, 즉 독재적인 유형과 허용적인 유형의 부모 아래 자란 아이들은 공통적인 특성을 보인다. 지나치게 억압하고 간섭하는 독재적인 부모나 통제를 가하지 않는 부모의 양육을 통해 아이는 자신감이 부족하고 미성숙하며, 공격적인 성향을 드러낸다.

아이는 부모의 적절한 제한과 훈육을 통해 안정감을 느끼며, 도덕적 기준과 올바른 가치관을 정립한 성숙한 인간으로 성장한다. 앞에서 제시된 올바른 양육 방식을 이해하고 일관된 태도로 아이와의 긍정적 관계를 형성하길 바란다.

내 아이를 위한 일곱 가지 양육 원칙

다음에서 소개하는 양육 원칙은 아이의 마음을 상하게 하지 않으면서 합리적인 부모의 요구에 순응하도록 하는 권위 있고 성숙한 부모 양육 태도라고 할 수 있다.

하나, 부모의 합리적이고 일관된 양육 태도를 보인다.

둘, 훈육할 때, 아이의 인격과 감정을 폄하하는 말이나 행동은 절대로 하지 않는다.

셋, 아이의 감정을 공감하면서 행동에 대한 분명한 한계를 정한다.

넷, 아이의 잘못된 행동에 대해서만 언급하여 교육한다.

다섯, 부모는 아이에게 이중 구속 메시지를 사용하지 않고, 분명한 의사를 전달한다. 예를 들어 평소에는 아이에게 '공부를 못해도 되니 튼튼하게 커'라고 말하면서, 엄마의 기대에 못 미치는 점수를 받아왔을 때 화를 내는 모습을 보이면 아이는 이러지도 저러지도 못하는 혼란을 느낀다.

여섯, 부드러우면서 단호한 태도를 보인다.

일곱, 아이 스스로 결정하고 해결하도록 기다리는 자세를 가진다.

양육 스트레스 극복을 위한 첫걸음

이제까지는 부모의 양육 태도가 아이의 성장과 발달에 직간접적으로 중요한 영향을 미치는 것에 대해 알아보았다면, 지금부터는 아이를 키우면서 생기는 어려움을 겪는 과정에서 받는 스트레스를 어떻게 관리하고 대처할지에 대해 알려주고자 한다.

사실 계획하에 아이를 출산하는 경우는 드물다. 준비가 되지 않은 상태에서 두려움과 함께 임신과 출산을 경험하며, 과거와 달라진 외모와 체중 변화를 겪고, 감정의 변화도 느낀다. 여기에 경쟁주의와 학습 지향적인 사회 분위기 등으로 생겨난 잘못된 양육 가치로 인해 양육에 대한 자신감마저 저하된다.

우리나라는 다른 나라에 비해 육아에 대한 책임을 엄마에게 전가하는 경향이 강하다. 2017년 7월 고용노동부 발표에 따르면 남성 가사 분담률이 16.5%로 OECD 국가 중 최하위 수준인 것으로 나타났다. 이런 현실 속에서 엄마는 혼자 오롯이 아이의 육아, 교육, 안전 등을 책임져야 하며, 사회적 분위기도 슈퍼맘을 강요하고 있는 실정이라 양육 스트레스를 심하게 느낄 수밖에 없다.

국내외 연구(Simon & Beaman & Conger & Chao, 1993년/박성연·전춘애·한세영, 1996년) 결과를 보면 엄마의 양육 스트레스가 엄마 자신의 정신건강뿐 아니라 가족 모두에게 부정적 영향을 미치며 이것은 출산 저하와 해체 가정을 확산하는 원인이 된다고 했다. 또한 엄마 역할에 대한 스트레스가 높을수록 거부적이고 권위주의적인 양육 태도를 나타냈다는 연구 결과도 있다.

EBS 다큐 프라임 〈마더 쇼크〉 설문 결과에 따르면 엄마들에게 일상생활에서 가장 행복감을 주는 일과 큰 우울감을 주는 일은 아이를 돌보는 일이었다. 이것은 아이를 돌보는 일이 행복하긴 하지만 그만큼 힘들고 어려운 일이라는 뜻이기도 하다. 또한 70%가 넘는 엄마들이 육아 스트레스를 느끼고 있다는 결과가 나왔다. 이러한 결과들은 양육 스트레스 관리를 통해 건강한 엄마가 되는 일이 무엇보다 필요하고 중요한 일임을 보여준다.

'지피지기면 백전백승'이라는 말이 있다. 상대를 알고 나를 알면 백 번 싸워도 백 번 이긴다는 뜻으로, 엄마인 나의 정체와 아이의 정체를 파악하는 것이 양육 스트레스 극복을 위한 첫걸음이라고 생각한다.

양육 스트레스 대처 전략 10

다음 양육 스트레스 대처 전략은 앞서 살펴본 다빈이 엄마를 포함해서 초보 엄마들 코칭 진행 과정에서 실천한 내용으로 엄마와 아이 모두의 정서 안정에 도움이 된 것들이다.

① 엄마와 아이의 특성 살펴보기

엄마인 자신의 성격과 양육 배경, 정서 상태, 본인이 가지고 있는 양육에 대한 기대감 등을 점검할 필요가 있다. 또한 내 아이의 기질, 성격, 성별에 따른 발달 정도 등도 파악한다. 엄마가 완벽주의적인 성격인 경우, 아이가 엄마 말을 듣지 않고 장난감을 정리하지 않는다거나 제시간에 할 일을 하지 않으면 괴롭고 힘들고 지칠 수 있다. 엄마가 생각하는 산만한 아이 모습은 실제로는 주변의 사물을 직접 보고 만지는 탐색 과정으로 자극을 받아들여 지식의 경험을 쌓아가는 것이다. 아이의 특성을 알면, 아이에 대한 허황된 기대감에서 이해의 단계로 변화되어 마음의 여유까지 생기게 된다.

② 관점 바꾸기

대부분의 엄마들은 양육의 버거움이 엄마인 자신의 준비 부족 때문이라 여긴다. 누구든 완벽하게 준비할 수는 없다. 날마다 배워나가는 과정이 중요한 것이다. 그리고 아이를 내가 다 책임져야 한다는 생각에서도 벗어날 필요가 있다. 신이 아닌 이상 어느 누구도 한 인간을 절대로 책임질 수는 없다. 이런 책임감을 가지고 아이를 대하면 부담과 죄책감 때문에 우울한 정서를 가질 수 있다.

③ 자책감 가지지 말기

아이를 키우는 일은 힘든 일이다. 특히 초보 엄마나 워킹맘인 경우에는 양육 과정에서 능력의 한계와 육체적 피로감을 느낀다. 이것은 당연한 일임에도 불구하고, 아이를 위해 더 많은 것을 해주지 못하는 것에 대한 미안함과 죄책감을 느끼는 경우가 많다. 이럴 때는 아이와 자신에게 위로와 격려의 말을 해보자. 예로 "○○가 건강하고 멋지게 오늘 하루 보내줘서 고마워.", "나는 엄마로서 지금까지 잘해내고 있고, 앞으로도 잘할 수 있다. 화이팅!" 등을 소리 내어 말하면 자신감이 생긴다. 처음에는 조금 쑥스러울 수 있지만, 반복된 행동은 인지와 감정 변화로 이어져 긍정적 강화를 가져온다.

④ 엄마 자신만의 이야기 시간 마련하기

일주일에 한 번이나 한 달에 한 번만이라도 온전히 엄마 자신만을 위한 시간과 자신을 돌아보는 여유를 갖는 것이 스트레스 해소에 도움이 된다. 누구의 눈치도 보지 않고, 당당하게 엄마 휴일을 즐겨야 한다. 엄마들이 아이들을 데리고 브런치 카페 등에서 삼삼오오 모여 이야기를 나누는 것을 들어보면, 주제가 주로 아이나 남편, 시댁 이야기다. 이런 시간은 온전히 나에게 집중하는 시간이라 할 수 없다. 본인이 좋아하고 하고 싶은 것에 집중하는 시간을 만들어야 활기를 회복하는 데 도움이 된다. 지금 당장 내가 좋아하는 곳 나들이 가기 등을 준비해보면 어떨까? 계획만으로도 신나고 즐거운 기분이 들 것이다.

⑤ 남편도 육아에 참여시키기

남편이 아이를 볼 때 마음이 놓이지 않고 불안하다는 말을 하는 엄마들이 많다. 아이와 함께하는 남편의 행동에 대해 간섭하지 않아야 한다. 참견하면 남편은 더 이상 양육에 참여하려고 하지 않는다. 조금 미숙한 모습을 보이더라도 단점을 말하기보다 칭찬을 해야 한다. 남편에게 아이의 모습을 담은 동영상이나 육아 일기 등을 보여주면서 서로 공유하는 시간을 통해 나만 육아를 한다는 억울한 마음이 생기지 않도록 하는 것도 좋다.

⑥ 남편과 함께 보낼 시간 갖기

남편과 소소하지만 따뜻한 대화 시간을 가지는 것은 아주 중요하다. 대화를 통해 육아의 어려움과 남편의 관심사를 공유하면 서로에 대해 깊이 이해할 수 있게 되어 오해의 소지를 없앨 수 있다. 말하지 않아도 알아서 해주기를 바라는 마음은 금물이다. 남자들은 말하는 만큼만 행동으로 옮기는 특성을 지니고 있다. 알아서 해주지 않는 남편 모습을 사랑이 식은 것이 아닌지, 가정에 관심이 없는 것은 아닌지로 오해하다 보면 분노가 쌓여 부부관계에 나쁜 영향을 미친다.

⑦ 아이와 스트레스 함께 나누기

아이와 함께 댄싱타임이나 게임, 요리 등의 즐거운 시간을 가지면 문제 해결에 도움이 된다.

⑧ 이완하는 법 배우기

복식호흡이나 심호흡, 근육이완법, 명상 등의 다양한 호흡법으로 마음을 비우고 집중하는 시간을 가진다. 몇 분간 조용히 앉아서 깊이 숨을 들이마신 뒤 잠깐 호흡을 멈추고 천천히 숨을 내뱉는다. 오직 호흡에만 집중하다 보면 심장박동수와 혈압이 서서히 떨어지면서 마음이 차분해진다. 특히 아이가 문제행동을 일으킬 때 엄마의 분노 감정 다스리기에 큰 도움이 된다.

⑨ 지지 모임에 참여하기

지지 모임을 통해 아이 문제로 인한 비슷한 고충을 나누면서 서로 간에 지지를 얻을 수 있다. 다른 엄마들의 경험과 아이디어를 나누는 것은 매우 유익하다. 이때 단순히 육아에 대한 고충만 나누는 것이 아니라 일정한 목표를 가진 모임을 선택하는 것이 중요하다. 엄마와 함께 읽는 그림동화책 모임, 엄마 감정 코칭 모임, 아이의 기질에 맞는 양육 방식 모임 등.

⑩ 전문가에게 도움 요청하기

양육 스트레스 관리가 잘되지 않거나 심리적인 어려움이 지속되면 전문가에게 상담을 받아보는 것이 좋다. 스트레스는 그냥 참고 견디는 것으론 해결되지 않는 면이 있다. 전문가의 도움으로 적합한 스트레스 해소법을 찾거나 마음을 좀 더 쉽게 다스리는 방법을 알게 되어 빠르게 안정감을 찾을 수 있다.

우리나라의 경우 양육 스트레스를 엄마들 개인의 몫이라 여기는 경향이 강해 소극적인 대처 행동을 취하는 것이 현실이다. 엄마의 독박 육아는 스트레스로 작용하고 그 영향은 성장해 사회인이 될 아이에게 그대로 전달되어 결국 사회도 부정적인 영향을 받는다. 외롭고 힘들고 지치는 엄마들의 과한 양육 부담을 감소시킬 수 있는 프로그램이나 관리 차원의 부모 교육 방안들이 정책적 차원에서 나온다면 좀 더 아이 키우기 편한 세상이 될 것이다. 양육 스트레스를 엄마 개인의 문제로만 볼 것이 아니라 사회적으로 함께 모색해야 할 중요한 과제임을 강조하고 싶다.

04

아이와 마음 나누는 대화법

부모들은 아이와 대화를 나누는 것이 너무 힘들고 어떨 때는 숨이 막힐 것 같아서 그만둔 경우가 많다고 말한다. 특히 사춘기에 접어든 아이들은 대화 자체를 하지 않으려고 해서 답답함을 토로하기도 한다. 아이들이 대화를 거부하는 행동에 화가 난 부모들은 아이 방문을 떼버리거나 아니면 방문 손잡이를 부숴버리기도 한다.

대화는 관계를 이루어나가는 데 있어 매우 중요한 도구임에도 불구하고 부모와 아이 사이에 소통이 쉽지 않다. 그 이유는 부모도 아이도 의사소통 기술을 배운 적이 없기 때문이다. 유교적 성향이 강한 우리나라는 말을 많이 하는 것이 금기시되어왔기 때문에 세대를 걸쳐 의사소통 방법을 배운 경험이 없다. 두 번째는 관계적 문제가 생겼을 때 대개 부모들은 문제를 해결하려는 데 급급하다 보니 아이와 의견을 조율하는 과정 없이 바로 결론을 내고자 한다. 이럴 경우 아이와의 관계는 나빠질 수밖에 없다. 어떻게 하면 아이와 마음이 통하는 자연스러운 대화를 나눌 수 있을까?

마음의 빗장을 여는 대화로 시작하기

▶대화를 거부하는 경우

엄마 : 엄마랑 다른 곳에 가서 이야기할까? 또는 뭐 좀 마실래? 지금 말하기 싫으면 조금 기다릴게. 네가 말하고 싶을 때, 엄마에게 얘기해.

- 아이가 경계를 풀어 마음을 열 수 있는 대화로 시작하는 것이 좋다. 조금 기다리는 인내도 필요하다. 아이는 엄마가 기다려주는 모습을 보면서 자신이 존중받는다는 느낌이 들면 대화를 먼저 시도하는 경우가 많다.

아이의 숨겨진 의도 파악하기

▶아이가 엄마에게 약속을 지키지 않는다며 불평할 경우

아이 : 엄마는 맨날 나랑 약속한 것도 안 지켜.

엄마 : 엄마가 너랑 한 약속을 안 지킨다는 거지? 그런데 그렇게만 말하니까 잘 이해가 안 되는데 조금 더 자세히 말해 줄래?

아이 : 숙제 빨리 끝내면 햄버거 사준다고 했으면서…….

엄마 : 응 이제 이해가 된다. 엄마가 숙제 끝내면 햄버거 사준다고 했는데 안 사주어서 약속을 안 지킨다고 말했구나.

- 아이 행동과 상황을 판단하거나 비판하지 말고, 엄마의 감정과 생각은 잠시 내려놓고 아이의 메시지를 보고 들어야 한다. 상담을 할 때 엄마, 아빠가 아이와 대화하는 모습을 자세히 보면 두 종류로 나누어진다. 하나는 아이가 한 말을 모두 자르거나 생략하여 듣는 경우다. 다른 하나는 아이가 한 말을 과장되게 해석해서 듣는 경우다. 이 둘은 효과적인 대화를 나누는 데 방해가 된다. 아이의 말을 좋다, 싫다로 판단하

지 않아야 하며, 고쳐주려 하거나 부연 설명을 덧붙여 가르치려고 해서는 절대 안 된다.

아이의 감정 읽어주기

▶아이가 반찬 투정을 할 경우

아이 : 엄마는 내가 싫어하는 된장찌개만 해주고, 나는 소고깃국을 먹고 싶었는데, 밥 먹기 싫어요.

엄마 : 소고깃국이 먹고 싶었는데 된장찌개를 해줘서 속상했겠다.

- 엄마는 아이의 행동에 초점을 맞추어 잘잘못을 판단하기보다는 아이의 감정을 읽어줌으로써 속마음을 솔직하게 표현하도록 한다. 이런 대화는 아이의 스트레스를 낮추어주고 안정감을 느끼게 해준다.

엄마의 욕구나 부탁 담아 표현하기

▶아이가 연락도 없이 학원에서 늦게 집으로 돌아온 경우

엄마의 느낌 : 화가 난다. 험한 세상인데 몇 시간째 연락이 안 되었기 때문에 걱정도 되었다.

엄마의 욕구나 바람 : 아이와 연락이 잘되면 좋겠다.

엄마 : 엄마는 네가 연락 없이 늦게 와서 학원에 연락을 했더니 수업 마치고 갔다고 하는데 계속 전화는 안 받고……. 그

러다 보니 화가 나기도 하고 나중에는 걱정이 됐어. 다음에는 친구들과 놀기 전에 미리 연락을 주든지, 아니면 엄마 전화를 잘 받았으면 좋겠어.

훈육이 필요할 때의 대화 방식

1. 아이의 행동을 규제할 필요가 있을 때는 구체적으로 표현한다.
2. 행동 변화를 요구하는 말을 반복해서 하지 않는다.
3. 수를 세거나 협박성 말을 하지 않는다.
4. 현실성이 없거나 원하는 않는 것을 선택할 여지를 아이에게 주어서는 안 된다. 실제로 가능한 행동을 말한다.
5. 서로 약속한 사항에 대해서는 회유적인 표현보다 단호하게 요구한다.

예) 아이가 취침시간이 지났는데 계속 컴퓨터 게임을 하고 있는 경우

단호한 의사전달 표현법

아이의 연령이 높을수록 올바른 규범과 행동을 가르칠 때 단순히 명령하는 것만으로는 어렵다. 아이의 상황이나 형편을 고려하지 않은 일방적인 명령은 오히려 반항심을 낳는다. 아이와 평소에 감정적으로 친밀한 관계를 맺는 것이 아주 중요한데, 이것은 아이의 행동 수정에 효과적이다.

엄마 : 민수야, 지금 10시 30분이야. 이제 방으로 들어가거라.

아이 : 엄마, 요것만 하고요.

엄마 : 오늘 게임 시작할 때, 엄마한테 말한 점수를 아직 달성

못했어?

아이 : 아니요? 달성했는데, 지금 중요한 순간이라…….

엄마 : 중요한 순간에 그만두기가 쉽지는 않지. 그런데 목표 점수도 달성했고, 약속 시간도 지났는데 계속하겠다고 하니 엄마 마음이 안 좋네. 약속을 지키는 것도 중요해.

아이 : 엄마, 그럼 내일 컴퓨터 시간을 조금 더 주면 좋겠어요.

엄마 : 아니, 시간이 더 필요하면 엄마랑 다시 약속을 하는 게 좋겠다. 지금 컴퓨터 끄는 대신 시간을 더 달라고 하는 것은 아닌 것 같다.

아이 : 알겠어요.

엄마 : 엄마 말을 이해해줘서 고맙다.

관계를 높이는 칭찬 VS 관계를 낮추는 칭찬

아이의 잘못에 대한 지적보다는 긍정적인 부분에 대한 칭찬과 격려가 중요하다. 대화 도중에 아이의 긍정적인 면을 찾아서 구체적으로 즉시 칭찬해주는 것이 좋다. 이런 피드백을 통해 아이는 자신의 가치를 중요하게 생각하고 책임감을 갖게 된다. 하지만 지나친 칭찬은 의존성을 갖게 하거나 칭찬을 못 받을까 봐 두려워하는 마음을 갖게 해 도전을 멀리할 수도 있다.

관계를 높이는 칭찬	관계를 낮추는 칭찬
1. 칭찬할 행동에 초점을 맞추어 구체적으로 칭찬 2. 칭찬과 꾸중을 함께하지 않기 3. 칭찬할 일이 있어도 아껴두었다가 값어치를 높일 수 있는 기회가 올 때 한다. 4. 분명한 이유가 있는 칭찬 5. 결과보다 과정에 대한 칭찬	1. 일반적으로 하는 칭찬 2. 당연한 일에 대한 칭찬 3. 이유가 분명하지 않은 칭찬 4. 회유성 칭찬 5. 너무 잦은 칭찬 6. 과한 칭찬

05

엄마의 갖추어야 할 6가지 요건

불가에서는 과거 생의 인연으로 인해 현생의 관계가 맺어지는데 그중 부모와 자식의 인연은 만생의 인연으로 맺어졌다고 한다. 이것은 부부의 인연보다 세월이 더 오래되어야 만나는 인연이다. 긴 세월이 쌓여 아이가 첫 인연으로 만난 사람이 바로 엄마이다. 엄마가 된다는 것은 이렇게 귀중하고 은혜로운 일이다. 몇천억 겁의 시간이 흐른 후에 만난 소중하고 중요한 인연을 우리는 너무 쉽게 여기며 지내지 않았나 반성하게 된다.

엄마 몸을 빌려 새로운 생명체로 존재하게 된 아이와의 만남이 결코 가볍지 않으니 엄마란 이름의 존귀감이 진정성 있게 다가온다.

상담실을 찾은 엄마들 중에는 어릴 때 받은 상처들을 안고 살아가는 사람들이 많았다. 이런 경우 열등감이 많고 자존감도 낮다. 아이가 자신과 다른 의견을 말하면 견디기 힘들어하거나 자신을 무시한다고 생각한다. 아이는 단지 엄마의 생각과 다른 생각을 가지고 있을 뿐인데, 엄마는 아이가 자신의 존재 자체를 부인하는 것으로 오해해 '그렇다면 네 마음대로 해라. 네가 엄마를 무시해.'라고 말하면서 못 견뎌 한다. 그러면 아이는 엄마와 대화하는 것을 거부하게 된다.

아이에겐 별로 중요하지 않다고 생각되는 부분까지 엄마가 모두 잘하라고 하면 자신감이 떨어지고 의욕도 사라져 그냥 다 하기 싫은 마음이 생긴다. 원래 모범생이었는데, 갑자기 학교 규칙을 지키지 않거나 등교를 거부하거나 무기력해지거나 우울감을 호소하는 아이들도 많다. 이 아이들은 엄마가 원하는 수준에 도달하려고 노력하다가 어느 순간 버거워져 자신을 확 놓아버린 것이다.

우리는 엄마가 되기 전에 **참엄마**의 모습에 대해 공부한 적이 없다.

공부의 시작은 바로 **엄마 스스로를 아는 것**이다. 이것이 참엄마가 되기 위한 첫 번째 요건이다.

먼저 엄마의 묵은 감정이 무엇인지 알아야 심리적으로 안정되어 마음의 중심을 잡게 된다. 그래야 이리저리 흔들리는 불안한 엄마가 되지 않는다. 내 아이는 무슨 일이 있어도 지켜내겠다는 굳건한 마음도 생긴다. 그러기 위해서 엄마 안에 있는 울고 있는 어린아이 모습을 용기 내어 들여다보고 꺼내야 한다. 그 아이는 열등감과 낮은 자존감을 만들어 엄마의 그릇을 채우고 있다. 부정적인 자기 확신은 엄마 안에 있는 어린아이의 부정적 감정으로 생겨난 것이다. 엄마의 그릇에 담긴 부정적 감정들을 비워내기 시작하면 이상하리만큼 내 아이의 진정한 모습이 보이기 시작한다. 많은 엄마들의 경험담이다. 가벼워진 엄마의 그릇에 다른 것을 담을 여유 자리가 생겼기 때문이다.

울고 있는 어린아이를 세상 밖으로 나오게 하는 방법으로 권하고 싶은 것은 말과 글, 울음이다. 엄마 내면에 자리하고 있는 상처 입은 어린아이를 충분히 받아줄 수 있는 사람에게 가감 없이 말을 통해 표현해보는 것이다. 단, 어렵게 드러낸 어린아이의 모습을 공감해주고 지켜줄 수 있는 사람에게 표현해야 한다. 아니면 더 큰 상처로 남을 수 있다. 가족이 가장 좋다. 가장 많은 상처를 준 사람도 가족이고, 가장 위로가 되는 사람도 가족이니까. 지금 내 마음을 가장 잘 이해해줄 사람을 생각해보자. 친정엄마, 남편, 동생?

다음은 책을 읽거나 글로 직접 표현하는 것이다. 책 속 여러 인물들의 문제 해결 방법을 간접 경험하면서 자신과 타인을 이해하게 된다. 글쓰기는 내면의 소리를 듣고, 주체적인 의지로 나를 표현하기 때문에 치유에 효과적이다.

그리고 말과 글로 표출될 때 일어나는 울음을 참지 말고 그대로 드러내자. 일본에서는 요즘 울음치료가 인기라고 한다. 우리나라는 전통적으로 여자나 남자가 우는 일을 금기시해왔다. '암탉이 울면 재수가 없다.', '남자는 인생에서 딱 세 번만 울어야 한다.' 이런 말들이 있는 것만 봐도 알 수 있다. 하지만 웃음치료가 웃음을 통해 긍정적인 생각과 행동을 만들어내듯, 울음치료는 내 안에 부패하여 썩고 있는 감정을 울음으로 표출해내는 작용을 한다. 울음이 신체 병을 감소시킨다는 많은 연구 결과들이 아니어도 실컷 울고 났을 때의 후련함을 경험한 경우가 많지 않은가!

만약 자신의 마음 뿌리를 보기로 용기를 냈다면 그 순간부터는 스스로에게 '이만하면 참 괜찮은 사람'이라고 격려와 칭찬 그리고 위로를 자주 하기 바란다. 내 아이를 위해 용기를 내어 변화하길 원하는 마음을 갖기란 쉬운 일이 아니기 때문이다.

두 번째 요건은 **아이와 엄마는 다른 사람이라는 것**을 인식하는 것이다. '내 배에서 나온 자식인데 왜 이렇게 나랑 다른지, 정말 그 속을 모르겠어요.'라고 말하는 엄마들이 있다. 내가 낳은 내 자식이니 나와 똑같아야 한다는 생각에서 벗어나야 한다. 아이가 엄마에게 반기를 들 때는 그것이 어느 한 부분에 대한 의견

제시일 뿐이니 엄마를 무시하는 것으로 의심하지 말아야 한다. 엄마 자체를 부정하는 것이 아니다. 아이들은 엄마가 자신을 사랑으로 키우고 있다는 사실을 누구보다도 잘 알고 있다.

나와 심하게 갈등을 겪던 시기에 딸은 '엄마는 왜 이렇게 해? 엄마가 이렇게 하니까 나는 진짜 싫어.'라는 말을 자주 했다. 그때 엄마의 사랑을 딸이 부인한다는 생각이 들어 몹시 서운해 화를 낸 적이 많았다. '내가 너를 어떻게 키웠는데, 내가 하고 싶은 것 하지 않고, 네가 원하는 것은 다 해주었는데, 먹여주고 입혀주고 했더니 나한테 이럴 수 있어?'라며.

절대로 그렇게 해서는 안 되는 일이었다. 딸이 엄마의 모든 것을 좋아해줄 수는 없다는 점을 받아들여야 했다. 딸이 나와 다른 인격체임을 인정하고 존중했더라면 서로를 더 믿게 되었을 것이다. 지금 아이의 뜻을 존중해주는 연습부터 시작하자. 이것이 다름에 대한 첫걸음이다.

세 번째 요건은 **엄마의 낮은 마음 자세**다.

중학교 2학년 재석이는 학교 수업시간에 게임을 하거나 수업 도중에 교실을 이탈하여 PC방에 가고, 거짓말을 자주 해서 담임 선생님을 당황스럽게 한 일이 한두 번이 아니었다. 담임 선생님은 답답한 마음에 결국 아이를 상담실로 데리고 왔다. 재석이는 교복 단추를 다 풀어헤치고, 손가락 여기저기에 반지를 끼고 있었다. 재석이의 얼굴에는 귀찮다는 표정이 역력했다. 첫날은 재석이가 좋아하는 게임 이야기를 주로 하면서 아이의 마음을 달래주는 정도에서 상담을 마쳤다. 재석이는 마음을 쉽게 열지 않았다. 학교 규칙을 어기는 행동도 계속되었다.

그때 나는 처음으로, 아이들이 좋아하는 게임들을 마흔이 훌쩍 넘은 나이에 해보았다. 어릴 때 오락실에 딱 한 번 가본 경험밖에 없는 나로서는 정말 큰 용기가 필요한 일이기도 했다. 재석이가 수업을 빠질 정도로 하고 싶어 하는 게임이 어떤 재미를 주는지 경험해보고 싶었다. 재석이와의 상담 시간에는 주로 게임 아이템과 게임 도중에 있었던 일화를 들으면서 보냈다. 게임을 처음 접한 나는 재석이에게 최근에 유행하는 게임 종류, 게임 방법, 게임마다 알아야 할 유의점, 레벨업 방법, 아이템과 캐릭터의 특징들을 서로 이야기하기도 했다. 나는 게임을 하면서 힘든 점들을 재석이에게 물어보기도 했다. 외부에서 보기에 상담 선생이 아이와 게임 이야기나 하는 어찌 보면 좀 우스운 장면이 연출되었지만, 이런 과정을 통해 닫혀 있는 재석이의 마음속을 알고 싶었던 것이다.

재석이를 네 번째 만나는 날이었다. 갑자기 엄마가 재석이를 데리고 상담실에 찾아왔다. 엄마와 함께 온 재석이의 모습이 평소와 사뭇 달라서 놀랐다. 머리와 옷차림도 단정하고, 손가락에 낀 반지들도 보이지 않았다. 재석이 엄마는 상담 시간에 게임 이야기만 한다는 아이 말에 화가 나서 나를 만나려고 온 것이었다. 상담을 통해 아이의 문제행동을 고쳐나가는 것이 아니라 오히려 게임을 하도록 부추기면 어떻게 하느냐는 항의였다.

상담이 진행되면서, 게임 시간이 줄어들고 학교를 무단이탈하는 행동을 하지 않게 되었는데, 엄마는 그 정도로는 만족할 수 없다며 완전히 게임을 못하도록 하는 다른 방법을 찾겠다고 했다. 그 후부터 재석이는 상담을 하러 오지 않았다.

재석이 엄마처럼 아이에게 무언가를 가르칠 때 권위적인 모습을 보이면 아이의 적대감만 키울 뿐이다. 무조건 누르고 힘으로 조정하려는 것들에 대해 아이들은 어떤 형식으로든 적대감을 표출한다. 재석이처럼 공격적으로 반항하는 행동을 보이거나 아니면 스스로 내면에 상처를 내는 형식을 취한다. 아이의 마음을 여는 방법은 아이와 같은 마음 높이로 보고 듣는 것이다. 그래야 아이가 바뀐다.

반항형 아이들은 자수성가형 부모를 둔 경우가 많다. 이런 부모는 자신이 항상 옳다는 생각을 가지고 있어 타인에게 절대로 굽히는 모습을 보이기 싫어한다. 내가 심리 상담을 공부하면서 가장 힘들었던 점도 바로 권위적인 태도를 버리는 것이었다. 오랫동안 아이들 가르치는 일을 해오면서 선생이란 권위가 가진 힘을 잘 알고 있었고, 그것을 이용해서 아이들에게 협박하고 무시했던 일들이 많았다. 아마 상담 공부를 하지 않았다면 평생 권위적인 사람으로 살아갔을지 모른다.

게임을 하게 된 것도 재석이에게 권위적인 어른의 모습이 아니라 마음 높이를 맞추려고 노력하는 어른의 모습을 보여주어 권위에 대한 반감을 줄이려는 의도가 있었다. 그래야만 아이가 바뀌니까. 재석이처럼 학교와 엄마의 권위에 대해, 앞에서는 순응하는 척하지만 뒤로는 많은 적대심을 가지고 있는 아이들의 경우 낮은 마음 자세로 상담했을 때 좋은 효과가 나타났다. 낮은 마음 자세라고 해서 아이가 원하는 것을 무조건적으로 허용하라는 말이 아니라, 엄마 말이 다 맞으니 무조건 따라야 한다는 권위적 자세를 버려야 한다는 말이다.

네 번째 요건은 **내 아이를 남의 집 아이와 비교하지 않는 것**이다. 즉 다른 아이의 잘난 점을 내 아이의 부족한 점과 비교하지 않아야 한다. 얼마 전에 우연히 만난 지인이 초등학교 4학년 아들 얘기를 했다. 다른 집 아이들은 벌써 중학교 수학공부를 시작하거나 특목고 준비반에 들어가서 공부를 하는데 자신의 아들은 하지 않으려고 한다는 것이었다. 다른 엄마들과 얘기할 때 자신의 아들만 못하는 것 같아 너무 자존심이 상하고, 자신에게 무슨 잘못이 있는 것 같아 죄책감도 든다고 했다.

인간은 사회적 동물로 끊임없이 다른 사람과 관계를 맺고, 그 속에서 비교하기도 하고 비교당하기도 한다. 비교를 통해 더 나은 미래를 계획하게 되는 순기능도 있다. 하지만 잘못된 비교는 오히려 아이를 열등감에 사로잡히게 하고, 부정적인 자아상을 심어준다. 또한 자신에 대한 신뢰감이 없어 매사에 무기력한 모습을 보인다.

엄마가 다른 사람의 시선을 걱정하여 아이에게 무언가를 하도록 시도하는 것은 굉장히 위험한 일이다. 이것은 아이의 자신감을 떨어뜨리는 일로, 아이 스스로 '나는 다른 아이보다 못하는 것이 많은가 봐!'라는 위축감을 가져 새로운 것을 많이 배우기를 원하는 엄마의 마음과 반대로 도전을 회피하거나 두려워한다. 아이에게 부족한 면이 있다면 잘할 수 있는 다른 면이 있다고 믿어야 한다. 부족한 면도 그 아이가 감당해야 할 인생의 몫이고, 그것을 아이가 어떻게 감당하며 잘 살아가는지 지켜보면서 지지해주는 것이 엄마의 역할이다. 다른 사람과 비교하면서 아이 몸에 맞지 않는 옷을 입히려고 애쓰는 것은 엄마의 역할이 아니다.

다섯 번째 요건은 **아이에게 신뢰감을 주어야 한다.** 아이에게 일어날 일에 대해 미리 알려주어 준비할 마음과 시간을 주어야 한다. 상담에 오는 아이들은 상담실에 들어오면서 못 올 곳을 온 것처럼 얼굴을 가뜩 찡그리고 끌려서 들어온다. 이런 아이들에게 나는 처음에 꼭 묻는 말이 있다. "○○야, 여기 오는 것 알고 있었니?"라고 물으면 예상했던 답을 한다. 아이들은 "엄마가 어디 갈 곳이 있다고 해서 왔어요. 오는 길에 상담실에 간다고 해서 정말 오기 싫었는데 억지로 왔어요."라고. 엄마들의 이런 행동이 한두 번이 아니니, 정말로 아이에게 필요한 것을 조언할 때조차 아이는 엄마를 믿으려 하지 않는다.

여섯 번째 요건은 **아이에게 되는 것과 안 되는 것을 엄격하게 구분해서 가르치는 것이다.** 아이가 떼를 쓰면 다 해주고 점점 아이의 요구가 많아지면 참다 참다 소리를 지르거나 때리기까지 하는 엄마들이 있다. 안 되면 확실히 안 된다고 가르쳐야 한다. 떼를 쓰면 들어주더라는 것을 경험한 아이들에게 엄마의 권위는 없다.

아이에게 매를 자주 드는 것도 교육상 좋지 않다. 자주 매를 맞은 아이들은 속으로 '또 맞고 말지.'라는 정도로 받아들여 습관이 되어버린다. 그리고 평소에는 아이가 잘못된 행동을 해도 그냥 두다가, 엄마의 기분 상태에 따라 아이에게 짜증을 내고 성을 내면서 때리는 일은 아주 옳지 않은 훈육 방법이며 이것은 폭력이다. 이런 경우 아이들은 마음에 상처를 입고, 억울한 마음과 반항심만 가질 뿐 교육 효과는 없다. 아이들은 자신이 잘못해 매를 맞는 것인지, 엄마의 분에 못 이겨 맞는 것인지 잘 안다. 사랑의 매와 폭력은 엄연히 다른 것이다.

폭력은 세대로 대물림되고, 형제나 다른 사람에게 연쇄반응을 일으키는 아주 무서운 것이다. 아이를 키울 때는 일관된 원칙이 반드시 필요하다. 일관된 엄마의 태도와 아이를 위하는 따뜻함이 합쳐져야 좋은 습관과 긍정적 감정을 가진 아이로 자라날 수 있다.

참엄마의 역할은 아이에게 크고 근사한 무언가를 주는 것이 아니다. 내 아이 안에 잠들어 있는 세상(잠재력, 재능, 능력, 소질, 성격 등)을 지금의 세상과 만나게 해 아이만의 이야기를 쓸 수 있도록 지지하고 격려하는 것이다.

06

부부가 행복해야 재녀도 행복하다

아이 문제는 바로 부모 문제라는 말을 체험하는 순간들이 적지 않다. 부부관계 갈등으로 아이에게 부모 역할을 제대로 못하는 경우가 많았다. 엄마, 아빠가 행복하지 않은데 어찌 아이가 아무 문제없이 자라길 바랄 수 있겠는가? 불행하다고 말하는 아이 뒤에 그 부모의 불행이 함께 자리하고 있는 모습을 보게 된다.

아이의 심리적 상태나 문제행동이 심각한 경우에는 엄마뿐 아니라 아빠도 함께 상담에 참여할 수 있도록 하는데, 대부분 아빠들은 상담에 오기를 꺼린다. 바쁘다는 핑계를 대면서 엄마를 통해 얘기를 전해 듣겠다고 한다. 부부관계의 갈등이 심한 경우에는 자신과는 무관한 일이라며 전화를 끊기도 한다. 자식 일만큼 더 급한 일이 어디 있으며, 아이를 엄마 혼자 낳은 것도 아닌

데 아무 상관이 없다는 아빠들의 말을 듣고 있으면 순간 상담자가 아니라 인생 선배로서 충고하고 싶은 마음이 든다.

한편으로 이해는 된다. 원시인류 시대부터 힘센 남자가 맹수와 싸우고, 사냥으로 가족을 부양했다. 남자의 능력은 위험을 무릅쓰고 가족을 잘 지켜내는 것으로 프로그래밍되어 있다. 자식 문제는 이런 남자로서의 역할과 능력에 대한 평가로, 무능력함이 세상에 알려지게 되어 불편한 마음이 클 수 있다.

여러 번의 설득으로 상담에 온 아빠들은 대개 책임감을 다하지 못한 부하직원이 상사를 만나러 온 표정이다. 이들은 너무나 비슷한 불만들을 말한다. 아내가 아이 일이라면 이성을 잃고 무엇이든 하려 한다는 것이다. 경제 상황에 무리가 되는 일인데도 아이에게 필요하다며 무조건 하고, 딱히 필요가 없어 보이는 것도 아이가 원하면 해주는 모습을 이해할 수 없어 한다.

앞서 말했듯이 가족을 부양하는 것이 남자로서의 본능인 것처럼, 종족 보존을 위한 보살핌은 바로 여자로서 엄마로서의 본능이다. 이런 남자와 여자의 다름조차 서로 알지 못한 채, 우리는 부부가 되고 부모가 되었으니 결혼생활을 하면서 일어나는 모든 일들의 변화를 반갑게 맞이하지 못하고, 불행한 일로 귀결시키고 있다.

유대인들은 결혼과 동시에 부모교육센터에 다니고, 아기를 낳은 선배 부모에게 육아법을 미리 익힌다고 한다. 우리는 그동안 많은 공부를 하면서 지내왔건만, 왜 가족에 대한 공부가 필요하다는 것을 몰랐을까? 특히 가족의 중심이 되는 부부의 행복에 대해서는 공부하지 않았다. 공부해야 한다. 아이들에게 훌륭한 삶의 모델이 바로 부부가 행복한 가정을 이끄는 모습이기 때문이다.

상담에 온 엄마, 아빠는 아이의 잘못을 서로의 책임이라고 언성을 높인다. 서로간의 대화를 중간에 끊어버리는 일도 다반사다. 무시하고 비난하는 말과 행동들이 잦아 한 집에서 각방을 쓰거나 대화의 창을 닫고 지낸 지 오래된 부부도 있다. 남편은 아내가 아이밖에 모르고 자신을 돈 벌어다주는 기계쯤으로 생각한다고 불평하기도 한다. 아내는 남편이 자신을 학생처럼 가르치려 하는 태도 때문에 화가 난다고 말한다. 부부이기 때문에 상대방의 비난이나 무시가 더 큰 좌절감과 상실감을 느끼게 한다. 그러다 보니 목소리가 커지고 싸움이 시작되면 격한 말, 욕설, 상대의 치부, 심하게는 폭력 등 서로간에 지켜야 할 최소한의 선들을 넘고 만다.

인간만이 언어를 통해 다른 사람의 마음과 생각을 움직이게 하는 아주 신기한 능력을 가지고 있다. 우리는 이 좋은 능력을 가장 가까운 사람에게 함부로 사용하는 것이 문제이다. 부부가 행복해지기 위해서는 의사소통 방법을 공부하고 훈련해야 한다. 많은 전문가가 부부간 대화의 중요성과 기술을 말하고 있어 다들 알고 있지만 막상 일상생활에서 실천하기는 쉽지 않다. 그래서 연습과 훈련을 해야 한다. 전 세대인 부모로부터 긍정적인 대화 장면을 보고 자란 경우가 많지 않아, 즉 뇌에 입력된 장면이 없으니 체득하기가 쉽지 않다. 더 꾸준히 실천해야만 몸에 익을 수 있다.

연애는 불꽃 튀는 감정으로 콩깍지가 씌어 무조건 좋게만 보이는 경향 때문에 관계가 이어질 수 있지만, 결혼생활은 현실이므로 노력에 의해 유지된다. 그러므로 늘 노력해야 한다.

다음은 행복한 부부관계를 유지하기 위해 꼭 연습해야 할 다섯 가지 내용들이다.

먼저 **상대방의 말을 경청하라.** 부부들은 서로 각자의 말을 1분도 들으려고 하지 않는다. 상대방의 말을 자르고 자기 얘기만 하려 한다. '선생님, 이 사람 말은 들을 필요도 없어요. 내 말 좀 들어보세요.'라고.

내가 하고 싶은 말을 잠시 참고 상대방의 말을 주의 깊게 듣는 것이 중요하다. 이것이 바로 경청이다. 아빠들은 공통적으로 자신만의 논리로 설득하여 빨리 어떤 결론이든 내려고 한다. 엄마들은 하나하나 따지고, 심지어는 과거의 일을 가지고 와서 대화의 초점을 잃게 하곤 한다.

이런 식의 대화법은 부부 사이의 갈등 해소에 도움이 되지 않는다. 일단 상대방의 말을 끝까지 들은 후 자신의 생각과 다른 부분에 대해서 응답해야 한다. 이때 상대방이 자신과 생각이 다를 수 있음을 존중해주어야 한다. 그래야 상대방 입장에서 생각하는 마음의 여유가 생겨 대화가 이어질 수 있다. 경청하는 모습을 보여주는 것만으로도 상대방은 존중받는 느낌이 들어 좀 더 관계가 부드러워질 수 있다. 부부 상담에 온 많은 부부들이 처음으로 남편이, 아내가 자신의 말을 끝까지 진지하게 들어주었다면서 눈물을 흘린다.

자신이 말하는 흐름을 잘 따라가면서 들어주는 사람에게 어느 누구도 화를 내지는 않는다. 행복한 부부가 되려면 상대방의 저 깊은 바닥에 있는 진짜 말을 들으려고 해야 한다. 말 속에 담긴 상대방의 진심을 보려고 노력해야 한다. 어려운 일이 아니다. 여유와 관심만 조금 내어주면 할 수 있다. 지금부터 시작하자.

두 번째는 **상대의 말에 공감해주기**다. 부부들은 각자의 말만 쏟아내고는 자신의 말이 맞지 않느냐고 나에게 동의를 구할 때가 많다. 그만큼 사람은 누군가에게 공감받기를 원한다. 남이지만 세상에서 가장 가까운 관계인 부부간에는 더하지 않겠는가!

공감은 상대의 말 속에 흐르는 주된 감정을 읽어주는 것이다. 즉 상대의 입장이 되어 느껴보려 노력하는 태도가 필요하다.

앞에서 말한 경청(傾聽)이나 공감(共感)이란 한자에는 공통적으로 마음 '심(心)' 자가 들어 있다. 마음으로 듣고 이해해야 한다는 뜻이다.

남편이 아내의 말을 잔소리로만 생각하여 잘 듣지 않는다고 하자. 아내는 남편이 자신의 말을 잘 들어주지 않는다는 생각에 화가 나며 자신을 지지해주지 않는다고 느낄 것이다. 결국 아내는 더 잔소리를 하게 된다. 만약 남편이 아내에게 어떤 감정인지를 묻는다면 아내는 남편이 자신에게 관심을 갖는다고 느끼게 되어 잔소리를 멈춘다. 즉 함께 느끼려고 노력하는 남편의 모습이 자동적으로 아내에게 영향을 주는 것이다.

부부가 공감을 시작하면 말투가 부드러워지고, 존중하는 표현을 쓰게 된다. 상담 시간을 할애하여 경청과 공감능력을 키우는 방식으로 대화를 나누게 하면 정말로 힘들어한다. 그러나 시작이 힘들 뿐 몇 번 반복하다 보면 다음 대화가 훨씬 부드럽게 진행되고 풍성해진다.

행복한 부부관계는 귀를 쫑긋 세워 잘 들어주고 공감해주는 일에서부터 시작된다. 상대방이 말할 때 경청하는 자세로 추임새를 넣고 크게 공감해주자. 상대는 자신의 말이 가치 있다고 생각하게 되고 자존감도 커질 것이다.

세 번째는 **좋아하고 존중하는 마음 확인하기**다. 갈등이 아주

심한 부부에게 서로의 어떤 점 때문에 결혼을 결심하게 되었냐고 물으면 엄마들은 대부분 눈가에 눈물이 맺히고, 아빠들은 말이 없어진다. 그동안 서로에게 너무 익숙해진 나머지 처음 배우자를 선택했던 가장 중요한 요인을 잊고 살았기 때문이다. 부부 사이에 갈등이 있을 때, 서로 좋았던 점을 이야기하는 시간을 가져보면 화해의 길이 열릴 수 있다.

네 번째는 **갈등 속에서 서로의 바람 읽어내기**다. 부부간에 해결되지 않고 반복되는 문제에만 초점을 둘 것이 아니라 갈등의 이면에 있는 상대방의 입장은 무엇인지, 또 그 이면에 있는 상대방의 바람이 무엇인지 이야기하고 이해하는 시간이 필요하다. 이런 시간을 통해 서로 포기할 수 없는 최소한의 영역과 양보할 수 있는 타협점을 찾아야 한다. 이것은 아이에게 부모가 갈등 상황에서 어떤 식으로 합의점을 찾아가는지를 모델링할 수 있는 좋은 기회가 된다.

다섯 번째는 **부부의 공동 꿈 만들기**다. 부부가 서로 만족할 수 있는 공동의 목표를 정하길 권한다. 목표가 생기면 어떻게 그 목표를 이룰지, 목표를 위해 부부 각자는 어떤 역할을 할지 고민하면서 협력하게 된다. 서로 공유하는 것이 많아질수록 믿음이 쌓이고 관계가 강해진다.

부부는 부모이기 이전에 한 남자, 한 여자다. 남녀관계로서 서로를 배려하고 애정을 돈독히 하는 것은 부부가 행복해지는 방법이며 아이에게 행복감을 주는 길이다. 부부관계는 아이에게 사람들이 어떻게 관계를 맺고 살아가는지를 보여주는 최초의 교과서이다. 아이를 위한 최고의 선물은 부모가 서로 사랑하고 존중하며 살아가는 모습이다.

부부의 행복한 삶은 아이의 미래 부부상을 마음에 심어주는 것이며, 이것은 세대를 이어 가정의 역사가 된다. 행복한 역사의 주인공은 바로 지금의 엄마, 아빠인 것이다. 행복한 부부관계는 아이의 뇌 발달에도 큰 영향을 미친다고 하니, 여러모로 행복한 모습을 아이에게 많이 보여주어야겠다.

6장

엄마의 패러다임 바꾸기 2 : 아이의 자존감 높이기

01

행복한 아이의 조건 : 애착

나는 '아이 키우기'에 있어 가장 중요한 것이 '아이와 엄마의 애착 형성'이라고 생각한다. 애착은 인간만이 아니라 동물에게도 매우 중요한 생존 요소이다. 어린아이와 새끼 동물에게 애착 형성은 생존과 직결되는 것이다. 애착은 아이가 부모나 특정한 양육자와 맺는 친밀하고 강력한 정서적 유대관계다.

인간은 다른 동물에 비해 자립하기까지 오랜 시간이 걸린다. 따라서 생애 초기에 엄마나 특정한 양육자의 도움이 필요하다. 아이는 주 양육자(대부분 엄마)의 도움을 얻기 위해 친밀한 관계를 맺고자 하는데 이때 애착이 발달하게 된다. 또한 영유아기에 형성된 애착은 아이의 삶에 다양한 영향을 미친다.

애착이론은 영국의 정신분석가인 존 볼비(John Bowlby)가 처음 설명한 개념이다. 볼비는 어릴 때, 어머니 대신 유모의 손에 키워졌다. 주 양육자인 유모와 애착이 형성된 볼비는 유모가 있을 경우 더 안정감을 느끼고 덜 불안해했다. 그런 유모가 자신의 곁을 떠나자 상실감을 체험했고, 이 경험은 애착이론을 형성하는 중요한 계기가 되었다.

애착이 형성되면 아이는 주 양육자에게 접근하려는 경향성을 보이고, 주 양육자가 있을 경우 더 안정감을 느끼고 덜 불안해하며, 또한 안심과 보호를 얻으려고 한다. 이러한 애착은 아이가 자라면서 다른 사람과의 관계에도 영향을 준다. 다시 말해 주 양육자와 우선 애착을 형성한 뒤에야 다른 대상과도 애착을 형성할 수 있다.

애착 하면 생각나는 영화 한 편이 있다. 영화 〈아름다운 비행(Fly Away Home)〉이다. 엄마를 사고로 잃은 주인공 에이미는 우연히 늪에서 야생 거위알을 발견한다. 에이미의 지극한 보살핌 덕분에 새끼 거위들이 태어난다. 새끼 거위들은 세상에서 가장 먼저 본 에이미를 엄마로 알고 좇아다니고 에이미가 하는 행동을 그대로 따라 한다. 에이미의 친밀한 포옹과 보살핌을 통해 엄마를 느낀 것이다. 이후 에이미는 새끼 거위들을 따뜻한 남쪽으로 이동시키기 위해 하늘을 나는 방법을 직접 가르친다. 에이미 인간새(경비행기)는 어미새가 되어 새끼들과 비행을 함께한다. 에이미를 따라 거위들이 편대를 이루어 하늘을 나는 장면은 많은 사람에게 감동을 선사했다. 특히 아빠 토머스가 두려움에 떠는 딸 에이미에게 "네 안에 엄마의 용기가 흐른다.(You're got that strength in you too.)"라고 말하는 엄마라는 존재의 중요함과 위대한 힘을 다시 느끼게 했다.

에이미가 새끼 거위들을 따스하게 안아 사랑을 표현한 것처럼, 엄마와 아이의 따뜻한 접촉이 중요하다는 사실을 알려주는 유명한 실험이 있다. 발달심리학자 해리 할로(Harry Harlow)의 원숭이 실험이다. 이 실험에서 할로는 붉은털새끼원숭이들이 젖병이 있는 철사로 된 가짜 어미 원숭이는 배가 고플 때만 잠시 찾고, 대부분 시간을 젖병이 없는 헝겊으로 된 어미 원숭이 곁에서 보낸다는 사실을 발견했다.

이 실험을 통해 우리는 엄마와 아이의 따스한 스킨십이 배고픔을 해결해주는 것보다 더 중요하다는 사실을 알 수 있다. 엄마가 아이에게 자주 하는 신체 접촉이 아이에게 위안감과 자신감을 갖게 한다.

탐험과 호기심을 가지는 아이가 되길 원한다면 엄마는 아이에게 반드시 안전감을 주어야 한다. 이것이 확보되지 않으면 세상을 두렵고 불안한 것으로 생각하는 데 모든 에너지를 쏟아 성장 과정에서 주어지는 과제를 수행하는 데 불협화음이 생긴다. 아이는 엄마가 주는 믿을 만하고 튼튼한 안전감을 발판으로 세상을 향해 앞으로 나아간다. 엄마가 안전감을 주는 일은 아이에게 최고의 교육을 시키는 것보다 중요하다.

연수 아빠는 아내가 아이들을 처제에게만 맡기고 돌보지 않는 일로 부부 갈등이 심해 부부 코칭을 받으러 왔다. 초등학교 2학년 연수와 여섯 살 남동생은 집 근처에 사는 이모 집에서 대부분의 시간을 보냈다. 연수 엄마는 평일에는 미술학원에서 입시반을 맡아 가르치고, 주말에는 과외까지 해서 항상 귀가 시간이 늦었고, 피곤해서 아침에 아이들 등교도 챙겨주지 못할 때가 많았다. 아이들 숙제나 준비물, 간식 챙기기 등의 기본적인 엄마 역할만이라도 해주기를 원하는 연수 아빠와 아이 양육보다 자신의 일이 더 중요하다고 생각하는 연수 엄마 사이에서 희생양이 되어버린 두 아이들이 너무 안타까웠다.

연수 엄마는 세 살 때 부모님이 이혼을 해서 새엄마와 살았다. 새엄마는 안아달라는 연수 엄마를 많이 때렸고, 여동생이 태어난 후로는 더 심하게 구박했다. 어린 연수 엄마는 새엄마의 거부로 심한 박탈감을 여러 번 경험하면서 부정적 애착을 형성하게 되었고, 이것은 아이들에게 치명적인 영향을 주었다. 연수 엄마는 어린 시절의 경험 때문에 본연의 모성애를 잃어버렸을지 모른다. '사랑도 받아본 사람이 잘한다.'는 말이 있다. 이 말은 사랑을 받아본 사람만이 사랑을 줄 수 있다는 뜻이리라.

아이의 애착 유형과 엄마의 애착 유형을 살펴보는 일은 애착의 중요성을 좀 더 이해하는 데 도움이 될 것이다. 덧붙여, 엄마 자신의 어린 시절 애착 경험을 점검하는 기회가 되길 진심으로 바란다.

발달 심리학자 메리 에인스워스(Mary Ainsworth)는 '낯선 상황 실험'을 통해 아이의 양육자에 대한 애착의 안정성을 알아냈다. 에인스워스는 엄마와 아이에게 낯선 장소를 제시한 다음 엄마가 자리를 비웠을 때, 엄마를 다시 만났을 때, 낯선 사람에게 위로를 받을 때 아이가 보이는 행동과 반응을 관찰하여 애착 유형을 안정 애착, 회피 애착, 불안정 저항 애착, 혼란된 미해결 애착 등 4 가지로 나누었다.

안정 애착

이 유형의 아이는 엄마와 함께 있을 때 편안함과 안전함을 느낀다. 이런 아이는 엄마와 떨어지면 처음에는 잠시 불안해하지만, 이내 안정을 찾아 주변을 활발히 탐색하는 모습을 보인다. 이것은 평소에 엄마가 아이의 필요에 민감하고 효과적으로 반응을 보여 낯선 상황에서도 곧 엄마가 자신을 안아주고 도와줄 것을 확신하기 때문이다. 이런 아이는 다시 엄마와 만났을 때 웃거나 안기는 긍정적인 반응을 보이면서 신체 접촉을 주도한다.

안정 애착형 엄마의 양육 태도는 애착관계를 자연스럽게 여기고 아이와의 친밀한 관계를 중시한다. 아이가 울 때 신속한 반응을 하고 눈을 맞추고, 사랑스러워하며 안아준다. 동시에 편안하고 절친함을 요구하는 아이에게 일관성 있고 협력적인 모습을 보인다.

기존 연구 결과들에 따르면, 안정 애착을 보이는 엄마들은 공통된 특성이 있다고 한다. 아이의 신호에 민감하게 반응하고(민감성), 긍정적인 태도로 아이와 상호작용(긍정적 태도, 동시성, 상호성)하며, 풍부한 자극(자극)과 정서적 지지(지원)를 계속적으로 제공하여 엄마와 아이가 안정적인 애착관계를 형성할 수 있다고 한다. 이런 엄마의 태도로 아이는 충족감을 느껴 새로운 환경을 탐구하는 원동력이 생긴다.

안전 애착형 엄마 대부분이 어린 시절 자신을 지지하는 부모와 함께 안정적이고 협조적인 가정에서 자란 경우가 많다. 또한 부모와 일관되고 개방적 관계로 인해, 비록 과거의 상처가 있더라도 안정적인 감정을 찾고 신뢰감을 회복하여 건강한 심리적 발달을 한다. 결국 안정된 엄마가 안정 애착 아이를 양육할 수 있다.

회피 애착

이 유형의 아이는 엄마와 분리되어도 별다른 반응을 보이지 않고, 엄마가 떠난 낯선 상황에서도 울지 않고 자신이 하던 놀이를 계속한다. 아이는 엄마가 돌아와도 상호작용이나 신체 접촉을 잘 하지 않는다. 엄마가 안으려고 할 때 피하거나 시선을 회피하는 모습을 보인다. 이런 아이는 자라면서 타인과 정서적 유대관계를 맺기 어렵고, 타인의 도움 없이도 살아갈 수 있다는 생각을 한다. 주변 환경에 관심을 나타내지 않고, 거짓말을 하거나, 말썽을 일으키거나, 책임을 전가하는 행동도 보인다. 오로지 자기 자신에게만 충실한 사람이 되어 홀로 딴 생각에 빠질 가능성이 높다.

이 유형의 엄마 양육 태도는 아이의 애착 반응을 무시하거나 회피하는 경향성을 보인다. 이런 회피형 엄마는 아이와의 애착관계가 성장 과정에서 얼마나 중요한지 모르거나 회피한다. 또한 민감하지 못하고 부정적인 감정을 자주 표출하기 때문에 아이는 회피 애착을 가질 가능성이 높다. 그리고 아이의 독립심을 지나치게 강요하거나 엄격한 규칙을 정해서 실행하도록 강조하기도 한다. 결국 아이는 엄마를 불편하게 생각하여 피하고, 불안정한 정서 상태를 보이며, 공격적인 행동을 하게 된다.

회피형 엄마는 과거 부모에게 거절당하고 관심을 받지 못한 경우가 많다. 이런 유형의 엄마는 부모로부터 사랑과 관심을 받지 못하는 것이 아니라 마치 자신이 부모가 주는 사랑에 원래 관심이 없거나 그것이 크게 중요하지 않다고 과소평가함으로써 그 상황을 합리화한다. 이것은 심리적 고통으로부터 자신을 보호하기 위한 방법이다. 자신의 상실감과 좌절감 때문에 아이에게도 신체 접촉 욕구나 감정 표현을 할 기회를 주지 않는다. 아이를 부담스런 존재로 생각하기 때문에 회피하게 되며, 이것 또한 엄마의 성장 과정에서 생긴 부모와의 회피 애착관계가 대물림되어 나타난 현상이다.

불안정 저항 애착

불안정 저항 애착은 '불안정 양가적 애착'이라고도 불린다. 이 유형의 아이는 엄마와 분리될 때 극심한 스트레스를 경험한다. 엄마가 눈에 보이지 않는 순간부터 울기 시작해 돌아올 때까지 계속 괴로워하며 엄마를 찾는다. 엄마와 함께 있을 때조차도 낯선 이를 경계하는 반응을 보인다. 엄마가 돌아왔을 때 아이는 엄마 곁에 있으려고 하지만 막상 엄마가 안아주면 원망하면서 심하게 저항하는 등의 다양한 분노 행동을 보이는 게 특징이다. 이런 유형의 아이는 정서적으로 쉽게 당황하고 좌절하며, 좀처럼 주변 상황을 탐색하지 못한다.

이런 유형의 엄마들은 아이에게 과도하고 혼란스럽게 화를 내거나, 아이에게 집착하는 태도를 보인다. 또한 아이 양육에 대한 스트레스가 극심하며, 일관성 없이 기분에 따라 아이를 대하는 경향이 있다. 이런 태도는 아이를 혼란에 빠뜨리고, 친밀감의 상실을 더 크게 느끼게 하여 집착과 의존성을 키운다.

아이를 잘 키우고 싶고 사랑을 주고 싶으나, 막상 아이가 요구하거나 도움을 청하면 귀찮아하고 당황해하며 쉽게 지친다. 엄마가 어린아이였을 때 사랑과 돌봄의 욕구가 좌절되어 엄마 자신의 욕구가 제대로 충족되지 않았기 때문에 이런 행동이 나타난다.

혼란된 미해결 애착

낯선 상황을 가장 싫어하고 일관되지 못한 모순 행동을 보이는 유형으로, 회피 애착과 불안정 저항 애착을 모두 보여준다. 아이가 엄마를 다시 만났을 때 엄마한테 가까이 다가가지 못하고 무서워하거나 도망치는 행동을 한다. 보통은 부모로부터 주기적인 무시나 학대를 받은 아이에게 많이 나타나는 유형이다.

이 유형의 엄마는 어린 시절 부모에게 버림받았거나, 사별, 폭력 등의 심리적 외상 경험을 한 경우가 많다. 어릴 적 문제를 해결하지 못한 엄마는 아이에게 명확한 지침 없이 비일관된 양육 태도를 보인다. 아이를 지나치게 두려워하거나, 반대로 겁을 주는 행동을 한다. 미해결된 과거의 큰 문제로 마음이 혼란스럽기 때문에 아이를 잘 돌보지 못하는 것이다. 이런 엄마를 둔 아이는 쉽게 공포심을 느끼게 된다.

나 또한 어린 시절 친정어머니와의 불안정 저항 애착 경험으로 인간관계의 공허감을 딸을 통해 채우려 했다. 딸을 미숙하고 의존적인 존재로 생각하고, 늘 보호하려 했다. 한편으론 딸을 사랑하지만 딸의 욕구를 빨리 간파하지 못할 때가 많았다. 이런 나의 비일관적인 태도로 딸은 자라면서 화를 내는 방식으로 자기 요구를 표현하고, 친구관계의 어려움을 호소하는 경우가 많았다. 당시 나는 딸이 나타내는 불안감이나 작은 일에도 스트레스를 많이 받는 성격을 이해하기보다 나약한 모습으로 생각하여 불편한 심기를 보였다. 하지만 심리학 공부를 시작하면서 나를 되돌아보았고, 친정엄마가 그때 그렇게밖에 할 수 없었던 상황들을 이해할 수 있게 되었다.

많은 연구 결과에서 안정 애착형 엄마는 대부분 아이와 안정적인 애착 관계를 형성하지만, 회피 애착형 또는 불안정 저항 애착형, 혼란된 미해결 애착형 엄마의 상당수가 아이와 불안정한 애착 관계를 맺는다고 했다. 즉 부모와 자녀 관계인 애착 패턴이 매우 닮은꼴로 세대에서 세대로 대물림된다는 사실을 명심하여 내 아이에게 나쁜 애착 패턴을 물려주지 않으려는 필사적인 노력이 필요하다. 다행스럽게도 이런 노력으로 악순환의 고리를 끊을 수 있다.

엄마 혼자서 해결하기 힘들면 전문가에게 도움을 요청하거나 부모 교육을 받는 것도 좋다. 엄마의 치유와 자기 성찰의 시간을 통해 아이와의 관계 온도가 높아짐을 직접 체험하게 될 것이다. 안정 애착은 아이가 세상을 탐색하는 원천임과 동시에 엄마와 아이의 흐르는 역사가 됨을 잊지 말아야 한다.

안정 애착을 품고 자란 아이의 모습

1. 엄마와 헤어질 때 불안감을 표현할 줄 알고, 엄마와 재회 시 쉽게 진정된다.

2. 엄마의 도움이 필요할 때 도와달라는 표현을 적극적으로 한다.

3. 엄마에 대한 강한 믿음이 있다.

4. 낯선 환경에서도 적극적으로 주변을 탐색한다.

5. 환경에 대해 즐거움과 호기심을 느낀다.

6. 위협적인 상황에서도 좌절하지 않고, 인내력이 강하다.

7. 공감능력이 뛰어나고, 자신의 감정을 능숙하게 조절할 줄 안다.

8. 자신과 타인에 대한 신뢰감을 가진다.

9. 친구관계가 원만하다.

10. 타인에게 지나치게 집착하거나 의존하지 않는다.

11. 학교생활에 잘 적응한다.

12. 자신감이 있고, 예의가 바르다.

13. 독립적이고 인정이 많다.

안정 애착 엄마 되기 연습

1. 아이를 충분히 안아주고, 다독여주는 따뜻한 돌봄 제공하기

2. 아이를 과잉보호하지 않고, 적절하고 필요한 방식으로 도

움주기

3. 아이가 두려워할 때 안심시키기

4. 아이의 감정, 행동, 욕구 잘 관찰하기

5. 아이에게 경험과 자극 제공하기

6. 아이의 생각과 감정 존중하기

7. 아이에게 격려나 지지하는 반응 보이기

8. 아이에게 긍정적인 또래 경험 제공하기

9. 엄마 스스로 자신감을 가지고, 즐거운 가정 분위기 만들기

10. 책읽기를 통해 다양한 감정과 폭넓은 세상에 대한 이해력 높이기

02

자아존중감,
자기효능감 키우기

"산중의 귀물은 머루나 다래, 인간의 귀물은 나 하나라."

내가 대학원 시절에 많이 읊조리던 '강원도 아리랑'의 일부이다. 자신들의 생각을 명쾌하게 정립하는 동년배 학자나 친구들을 보면서 비하감이 들 때, 차 안에서 서글프게 혼자서 부르던 노래다. 이 구절을 반복해서 부르다 보면 이상하게 마음의 위안이 되었다. 나중에는 '그래, 내가 왜 이렇게까지 나를 볶으면서 사는 거지? 못난 나도 나야.'란 생각이 들어 편안해지곤 했다. 힘든 산골 삶의 고단함 속에서 그래도 자기 자신만이 유일하게 귀한 존재임을 깨달은 옛 어른들의 현답이 나에겐 감동이었다.

최근 서점 베스트셀러 순위에 자존감 관련 책이 많다. 그만큼 스스로를 무가치한 존재로 느껴 자가 회복하려는 사람이 많다는 것과 자존감이 중요한 시대임을 보여주는 현상이다.

자해를 시도한 아이들을 만나 이야기해보면 자신은 사랑받을 가치가 없다는 생각이 선명하게 각인된 경우가 많다. 여러 환경이 내가 자란 시대보다 훨씬 풍요로워지고 넉넉해진 지금인데, 아이들의 마음은 더 결핍되어가고 있다. 무엇이 아이들을 이렇게 만들었을까?

아이와 출발선을 맞추자

요즘 엄마들은 자식을 위해서라면 옷, 음식, 공부 환경 등 뭐든 최고의 것을 제공해준다. 하지만 아이를 존중하지 않고, 엄마가 독단적으로 결정하고, 아이 스스로 아무것도 못하게 한다. 심지어 아이를 몰래 감시하고 통제하는 감시자 역할까지 한다. 이렇게 자란 아이는 스스로 무능한 사람이라고 생각해서 나중에는 자존감이 사라진다.

아이의 자존감은 굉장히 중요하다. 또한 어린 시절 성장 배경은 자존감을 형성하는 데 큰 영향을 미친다. 아이가 자신을 사진 보듯 바라보는 이미지를 '자기 개념'이라고 한다. 이 이미지에 일정 수준의 가치를 부여한 것이 자기존중감이다. 자기존중감(self-esteem)은 심리학자 윌리엄 제임스가 그의 저서《심리학의 원리》에서 사용한 용어이다. 자기존중감은 자신이 사랑받을 만한 가치가 있는 소중한 존재라고 믿는 마음이다. 이것은 자신의 모습을 제대로 알고, 있는 그대로 받아들이는 데서 생긴다. 즉 자기 자신에 대한 만족감을 말한다.

가족 코칭에서 다양한 엄마들을 만난다. 권위적으로 군림하는 엄마, 결과만을 강조하는 엄마, 아이의 잘못을 하나하나 열거하여 기를 죽이는 엄마, 비난과 경멸의 말을 하는 엄마, 대학 입시를 코앞에 두어 마음이 조급해져 성적을 최우선으로 여기는 엄마 등. 이런 모습들은 아이의 자존감에 상처를 주고, 열등감에 사로잡히게 만든다. 훗날 이런 아이들이 자라서 사회인으로 자신의 삶을 가꾸며 행복하게 살아갈까? 나는 '아니다'고 자신 있게 답한다.

초등 1학년 석우는 전교생이 다 아는 말썽쟁이다. 석우 엄마는 아이의 버릇을 고치기 위해 여기저기 상담을 다니다가 나를 만나게 되었다. 소위 상담 쇼핑을 한 엄마이다. 석우 엄마는 평소 아이에게 자신의 말이 항상 옳으니 엄마 말을 잘 들으라고 요구했다. 아이에게 권위적으로 군림하는 엄마였다.

엄마는 상담자인 나에게도 경제력이나 직업적 지위를 내세우는 권위적인 태도를 보여, 처음에 적잖이 언짢기도 했다. 성인인 나도 이런 태도에 주눅이 들었는데, 어린아이는 오죽했을까 싶다. 석우는 엄마의 주장이 부담스럽고 실행하기 어렵다고 느껴질 때마다 자신감이 떨어졌고, 더 심한 말썽을 부려 엄마에게 자신의 힘듦을 보여주었던 것이다. 물론 엄마는 자신이 살면서 겪었던 후회스러운 일을 아이가 똑같이 겪지 않았으면 하는 바람으로 했던 행동일 것이다.

그렇지만 욕구와 본능으로 움직이는 어린아이와 경험이 많아 이성적으로 움직이는 엄마의 수준은 하늘과 땅 차이이다. 엄마와 아이는 출발선이 다르다. 어딘가에 있을 많은 석우 엄마들에게 말하고 싶다. 아이가 제대로 망가지기 전에 기꺼이 아이와 출발선을 맞추는 엄마가 되어야 한다고. 그래야 '어차피 나는 잘하지도 못하는 아이'라는 슬픈 생각을 가진 석우와 같은 아이들이 생기지 않을 것이다.

자존감이 낮은 아이는 연료가 떨어진 차와 같아서 자라면서 무언가를 하려는 마음이 생기지 않는다. 더 심각한 것은 자신에 대한 확신이 없으니 미래에 대한 확신도 없다. 여러 형태로 스스로를 끊임없이 할퀴고 상처내면서 살아간다.

자존감이 높아야 행복해진다

학교에서 근무할 때의 일이다. 교문 앞에서 남학생들 몇이 휴대폰으로 사진을 찍고 있었는데, 그중 한 명이 친구에게 "눈 좀 크게 떠."라고 하니 눈이 작은 학생이 "최선을 다해 눈 뜨고 있어. 빨리 찍어. 눈 아파."라고 말하는 장면을 보고 혼자서 얼마나 많이 웃었던지. 자신의 강점과 약점을 잘 파악하고 있는 그 남학생은 자존감이 높다고 할 수 있다.

자존감이 높은 아이는 다른 사람 앞이나 어떤 상황에서도 쉽게 위축되지 않는다. 또한 자신에 대한 효능감이 높다. 효능감은 스스로 어떤 성과를 이뤄낼 수 있다는 믿음이다. 이것은 새로운 것을 배우려는 도전정신을 가지게 하여 매사를 열정적으로 임하고, 어려운 문제에 부딪혔을 때 주저앉거나 피하지 않고 해결책을 찾게 만든다. 또한 자존감은 아이의 정체성을 제대로 확립하게 하는 것과도 밀접한 관련이 있다. 확립된 정체성은 좌절의 상황에서도 새롭게 도전하고 대처하는 '회복 탄력성'을 갖게 한다.

높은 자존감을 가진 아이는 다음과 같은 특징을 가지고 있다.

- 창의성과 학업 성취력이 높다.
- 또래관계가 원만하다.
- 직접적이고 현실적인 목표를 설정하여 몰입한다.
- 자기의심 두려움, 불안에 빠질 확률이 낮다.
- 집단 활동에서 적극적이다.
- 외모의 차이를 이해하고 자신에 대해 긍정적으로 생각한다.

처음 엄마가 되면 '어떻게 하면 아이를 잘 키울까?'를 고민한다. 이제 '어떻게 하면 자존감 높은 행복한 아이로 키울까?'로 바꾸어 생각해야 한다. 아이의 행복을 위해 엄마가 해야 할 최우선 과업은 이미 가지고 있는 아이의 자존감을 북돋워주는 일이다.

성취나 결과만을 강조하여 현재 아이가 가진 자존감을 끌어내려선 안 된다. 기대치를 낮추고 아이의 생각과 요구에 민감하게 반응하는 엄마가 되어야 한다. 또한 아이가 자기실현적 예언을 할 수 있도록 아이의 잠재력을 믿어야 한다.

아이의 자존감을 무너뜨리는 엄마들을 만나보면 열등감을 가진 경우가 대부분이다. 아이의 자존감을 높이기 위해서는 우선 엄마의 자존감 회복이 필요하다. 살아오면서 타인에게 받았던 엄마의 상처들로 자신의 가치를 낮추며 살았던 힘든 경험을 아이에게 물려주어서는 안 된다.

엄마 스스로를 진심으로 존중하는 마음이야말로 아이를 진정으로 존중하게 되는 첫걸음이다. 엄마를 통해 아이는 자기 스스로의 인생을 그리게 된다는 것을 잊지 말아야 한다.

나는 딸에게 '너 자신을 소중히 여기고 너답게 살아가야 한다. 네가 세상의 중심이다.'라고 말하지 못한 것이 가장 후회된다. 엄마인 우리가 잊지 말아야 할 것은 내 아이가 대우주 안에서 유일하고 존귀하다는 사실이다.

아이의 자존감 무너뜨리는 엄마의 얼굴

엄마인 당신은 어떤 얼굴을 하고 있는지 생각해보자.

- 아이의 잘못한 점을 비하하고 놀리고 비웃는 엄마

- 아이의 생각과 감정을 중요하고 가치 있게 여기지 않는 엄마
- 아이를 과잉보호하여 자만심을 키우는 엄마
- 아이를 모순되고 혼란스럽고, 억압적인 규칙으로 기르는 엄마
- 아이 본연의 성품을 부정하여 아이 스스로가 자신을 의심하도록 만드는 엄마
- 아이에게 물리적 폭력과 위협을 가하는 엄마

아이의 자존감을 높이는 엄마의 말

- 고마워 : 가치감이 높아짐.
- 사랑해 : 존재감이 부각됨.
- 괜찮아 : 실수와 실패에 대한 용기를 줌.
- 미안해 : 진정한 인격체로 대해 긍정적 정체성이 형성됨.

아이의 자존감을 튼튼하게 하는 '나만의 달력 만들기'

아이들에게 휴대폰으로 자신과 닮은 물건들을 찍게 한 후, 그 물건이 자신과 닮은 점 3가지를 글로 쓰게 한다. 그리고 사진에 제목도 달아본다. 이렇게 12개의 사진을 찍은 후 인화해서 달력으로 만든다. 매달 아이가 생각하는 의미 있는 날에 표시를 하게 하는 것도 좋다.

이것은 아이가 자신이 어떤 사람인지를 탐색하는 과정을 통해 스스로의 존재와 가치를 찾게 되는 의미 있는 활동이다.

아이의 자존감을 튼튼하게 키우는 엄마의 다짐 노트

다짐 노트는 머릿속 다짐이 아니라 직접 글로 대면함으로써 엄마의 양육 태도를 순간순간 점검하는 데 도움이 된다. 때론 혼란스러운 엄마 마음을 다지게 하여 아이의 자존감을 꺾는 실수를 범하지 않게 만들고, 아이와 엄마가 함께 자존감이 높아지는 놀라운 경험을 하게 될 것이다.

- 내 아이를 세상에서 가장 매력적이고 가치 있는 존재로 여기겠습니다.
- 아이의 강점을 지지하겠습니다.
- 아이에게 많은 경험을 안겨주겠습니다.
- 아이의 실패를 책망하지 않고 용기를 주겠습니다.
- 아이의 열정을 격려하겠습니다.
- 스스로 생각하고 행동하는 독립된 아이로 자라도록 하겠습니다.
- 합리적이고 일관성 있는 규칙으로 아이를 대하겠습니다.

03

아이 마음의 텃밭 키우기

지인의 소개로 초등학교 6학년 인수를 만나 적이 있다. 인수는 외모가 연예인을 할 만큼 준수했고, 공부도 잘하는 편이었다. 인수 엄마는 아들이 몇 달 전부터 아무 이유도 없이 학교와 학원에 매번 지각하고, 아프다는 핑계로 일찍 집에 오는 일이 잦아 걱정되는 마음에 나를 찾아온 것이다. 인수는 자신이 "어떤 사람인지 잘 모르겠다."라고 했다.

아직 어린아이의 입에서 나온 첫 마디에 난 놀람과 호기심으로 여러 가지를 물어본 기억이 난다. 인수는 과학과 수학을 좋아해서 경시대회에서 많은 상을 받았고, 엄마는 이런 아들을 과학고에 보내고 싶어 특목고 준비반이 있는 학원에 아이를 보냈다. 인수는 과학고에 들어가기 위한 어려운 문제들을 풀면서 오히려 좋아하던 과학과 수학에 흥미를 잃고, 자신의 존재에 대한 위기를 느끼게 된 것이다. 이런 고민이 깊어져 우울하고 무기력한 기분이 지속되어 일상생활에도 어려움을 겪고 있었다. 무엇을 좋아하는지, 미래를 위해 무슨 일을 하고 싶은지, 선생님들은 대학은 꼭 가야만 하는 것이라고 하는데 정말 그런지 등의 갈등과 고민도 하게 되었다.

인수 이야기는 앞만 보고 나아가는 대한민국 아이들의 현실을 그대로 보여주는 듯했다. 내가 좋아하는 것이 무엇인지, 무엇이 되고 싶은지, 나의 삶의 가치와 목적은 어디에 두어야 할지 등을 고민할 틈도 없이 내달리는 경주마와 같다.

아이들은 막연하게 돈 많이 버는 일을 하고 싶다는 단편적인 얘기를 많이 한다. 이런 말을 들으면 마음 한 곳이 텅 비는 느낌마저 받는다. 저녁 노을을 보며 한 편의 시 구절을 읊조리고, 자신이 좋아하는 철학자의 삶을 친구와 함께 이야기하는 '쉼의 시간'이 없는 요즘 아이들이 안쓰럽다.

긍정적인 자기정체감 만들기

'나는 누구인가?'에 대한 답이 바로 '자기정체감(self-identity)'이다. 자기정체감이란 행동이나 사고, 느낌의 변화에도 불구하고 내가 누구인가를 일관되게 인식하는 것을 말한다. 자기 자신의 독특성에 대해 안정된 느낌을 갖는 것으로, 시간의 흐름에 따라 사회

속에서 다양한 모습으로 존재하는 '통합된 나'를 말한다. 또한 이것은 자기 자신에 대한 확신과 신념으로 작용한다. 일시적인 자신에 대한 느낌이나 주장이 아니라 자기 내면에 대한 깊은 통찰을 통해 일관성 있게 지속되는 자신에 대한 확신을 의미한다. 자기정체감 형성은 일시에 성취되는 것이 아니라 일생을 통해 조금씩 이루어나가는 중요한 발달과제이다.

정체감 발달은 통합된 나를 이루는 과정으로 전 생애에 걸쳐 역동적으로 나타나며, 청소년기에 주로 이루어진다. 아이들이 사춘기에 접어들면 급격한 신체적·정신적 변화로 다양한 갈등과 고민에 휩싸이고, 자신에 대한 느낌의 재구조화나 재조직화가 일어나 매우 예민해진다. 이런 발달과정에 있는 아이들을 하나의 풀이 과정과 정답만을 강조하는 틀에 넣으려고 하니 문제가 생기는 것이다.

다른 방법과 과정을 생각할 여유도, 필요도 없는 아이들은 점점 불안정한 정서를 보인다. 더 심각한 것은 가출, 자살, 중독 등의 여러 형태로 자기 파괴적 행동을 표출하는 아이들이 늘어나고 있다는 것이다. 아이들에게 나는 어떤 존재이며 가치 있는 나의 삶은 무엇인지를 충분히 생각할 시간적·심리적 쉼터를 허락하지 않기 때문이다.

엄마의 양육 태도는 아이의 정체감 발달에 중요한 역할을 한다. 엄마와의 상호작용을 통해 아이는 정체감을 확립하기 위한 다양한 바탕을 마련한다. 엄마는 아이가 자기정체감을 찾을 수 있게 다양한 가치와 행동, 생각, 재능 등을 탐색하고 질문할 수 있는 안전지대를 제공해주어야 한다. 그러나 지금은 남들과 다름에 대한 '불안을 안고 있는 엄마'나 다른 집 자식이 어떻게 되든 내 자식만 잘되면 된다는 '안하무인 엄마' 때문에 아이들이 자기 정체감에 혼란을 느끼고 있다.

안전지대를 제공해주는 엄마의 양육 태도는 아이가 좀 더 긍정적인 자기정체감을 형성하는 데 도움을 준다. 특히 사춘기에 접어든 아이를 둔 엄마는 안전지대 제공뿐 아니라 독립심을 길러주어야 한다. 아이가 자신의 일을 선택함에 있어 혼자만의 시간을 충분히 가지는 '고뇌의 자유로움'과 '선택의 책임'을 다하도록 해주어야 한다. 엄마는 아이에게 도움닫기 역할을 하면 충분하다.

강의 요청이나 상담 의뢰 등으로 이력서를 기관 관계자에게 보내는 일이 종종 있다. 직접 만났을 때, 잠시 동안이지만 관계자의 눈동자가 움직이는 것을 느끼곤 한다. 사람 만나는 일을 업으로 삼고 사는 나의 직업적 촉이라고나 할까? 이유인즉, 이력서 사진의 모습과 실제 나의 모습에 차이가 있기 때문이다. 사진 속 나는 MSG(포토샵)가 뿌려져 있는 모습이니 당연하다. 요리를 할 때 음식의 감칠맛을 내기 위해 화학조미료를 넣는데, 당장에는 맛이 좋을지 몰라도 음식 본연의 맛을 느낄 수 없고 건강에도 해롭다.

이것은 비단 음식에만 적용되는 이야기가 아니다. 아이에게 MSG(아이에게 요구하는 과한 수행능력)를 뿌려 세상 사람들에게 그럴싸해 보이도록 시간과 돈을 쓰고 있는 게 지금의 대한민국 엄마 모습이다. 몸과 마음이 건강하지 못한 아이를 만드는 엄마의 강요된 계획은 이제 멈추어야 할 때이다.

엄마 자신도 정체감을 고민하고 찾아야 한다. 그래야 아이들에게 자부심과 긍지를 심어줄 수 있다. 엄마의 긍정적 정체감은 아이의 고민과 방황 그리고 반항을 성장의 과정으로 인식하는 여유를 가지게 한다. 엄마의 역할은 아이 옆에서 끊임없이 관찰하고 이해하여 정체감을 찾을 수 있도록 돕는 것이다. 이런 과정 속에서 아이는 스스로 확립된 자아상을 가진 성인으로 성장한다.

아이의 마음 안에 굳건한 자기정체감이 떠받치고 있으면 학교생활이나 또래관계에 있어서도 더 적극적이고 활기찬 모습을 보인다. 또한 삶의 목표도 뚜렷하여 그 과정에서 겪는 어려움도 슬기롭게 이겨내는 힘이 생긴다. 자신에 대한 응집된 인식인 자기정체감은 행동변화에도 크게 영향을 미친다는 연구결과가 많다. 그때그때 엄마는 아이에게 바람직한 정체감을 부여해 아이의 변화에 도움이 될 수 있게 해야 한다.

아이의 자기정체감 형성을 돕기 위한 엄마 레시피

다음은 그동안의 나의 경험이 녹아 있는 레시피로, 이것을 바탕으로 더 좋은 각각의 엄마 조리법이 만들어지를 간절히 바란다.

첫째, 내 아이 그대로 수용하기

아이의 좋은 면뿐 아니라 좋지 않은 면까지 인정하고 사랑하여 좋은 방향으로 개선하려 노력하는 엄마의 수용의 태도는 아이의 자기정체감 정립에 매우 중요한 요인이다. 아이에 대한 단점을 굳이 인정하지 않으려 노력할 필요가 없다. 단점도 아이 본연의 모습을 들여다보는 중요한 잣대이다.

둘째, 아이 혼자 하루에 10분만 사색할 시간 허락하기

스스로 자신이 뭘 할 때 가장 좋아했는지 돌아보는 시간은 아이가 자신을 보다 잘 파악하는 데 도움이 된다.

셋째, 실행의 지혜와 용기 가지기

엄마 자신이 선택하고 결정한 계획을 실행하는 슬기로운 지혜와 참 용기가 필요하다. 앵무새처럼 남을 따라하는 엄마가 아닌 흔들림 없는 엄마의 모습을 본 아이들은 자기정체감을 굳건하게 만들어나간다.

넷째, 타인에게 조언을 구하는 열린 마음 가지기

위기 상황에서 주변 사람에게 마음을 열고, 조언을 구하는 것도 좋다. 이런 과정에서 바람직한 방향을 찾을 수 있다.

아이 마음의 텃밭 키우기 활동 설명서

아이가 어리다면 가족 우체통을 마련하길 권하고, 중학생 이상이면 가족 공동 메일을 만들면 좋겠다. 순간순간 어려움이 있을 때나 서운한 마음이 들 때, 속상한 일이 있을 때 가족 누군가에게 편지를 보내는 것이다. 아이가 자유롭게 자신의 의견을 이야기하고, 다른 가족들의 의견을 듣는 이런 경험을 통해 합리적인 방법들을 스스로 찾아가는 기회를 갖게 된다. 이런 활동은 가족들 각자의 자기정체감을 찾아가는 과정이 되기도 한다.

지금 이 순간, 엄마와 아이 둘 다 '나와의 진정한 만남'의 시간을 가져보길 제안한다.

04

현악기는 결코 한 줄로 연주할 수 없다

몇 해 전에 여러 가지 이유로 학업을 중단하려는 아이들을 데리고 보육시설에서 자원봉사를 한 적이 있다. 대부분 자존감이 많이 떨어져 있는 아이들이라 봉사를 통해 자긍심을 심어주자고 계획된 것이었다. 그곳 책임자에게 꾸준히 활동할 것과 매번 봉사활동 전에 유의사항을 교육할 것을 약속하고, 어렵게 봉사활동을 시작했다.

처음에는, 참여하는 아이들 관리에서부터 소품 챙기기 등 준비해야 할 것이 하나둘 늘어나면서 생각했던 것보다 힘이 많이 들었다. 무엇보다 학교나 가정에서 상처를 받은 아이들이 혹여나 보육시설 아이들에게 상처 주는 행동을 할까 걱정되는 마음도 컸다.

그런 나의 우려는 참여하는 아이들이 그곳 아이들과 잘 어울리는 모습을 보면서 조금씩 사라져갔다. 아이들은 자신의 아주 작은 재능 하나를 동생들에게 가르치면서 뿌듯해하는 모습을 보였고 형, 누나, 언니들에게 매달려 신나게 노는 그곳 아이들을 보면서 서로 함께한다는 것의 행복감을 새삼 느꼈다. 이런 이유에서인지 다른 프로그램보다 만족도가 높은 편이었다.

동생들에게 만화를 그려주고, 악기나 노래, 춤을 가르치고, 얼굴 분장을 해주고, 게임을 하고, 사진을 찍어 하고 싶은 말을 남기는 일 등을 함께하면서 보람과 즐거움이 어떤 것인지 느끼게 되었다는 소감을 남긴 아이들이 많았다. 아주 작은 것을 서로 나누는 마음에서 큰 위로와 기쁨을 얻는다는 것을 알게 된 좋은 경험이었다.

조화를 이뤄야 멋진 음악이 나온다

사람은 함께함으로써 더 풍요로워진다는 진리를 그동안 외면하고 살았다. 한 줄로 멋진 음악이 연주되는 현악기는 없다. 어느 줄이 더 강하거나 약하게 소리 나지 않게, 조화를 맞춰야 아름다운 음이 나온다.

나는 딸에게 너의 존재를 알게 너만의 소리를 크게 내지르라고만 했지 주변의 줄과 조화를 이루어야 멋진 음악이 나온다는 사실을 알려주지 못했다. 무조건 남보다 앞서야 한다고 경쟁만을 강조했던 엄마 때문에 딸은 많이 외로웠을 것이다.

《탈무드》에서는 남을 배려하지 못하고 남을 생각하지 못하는 사람이 가장 불쌍한 사람이라고 했다. 무조건 공부만 잘하면 된다는 식으로 아이를 옹호하고 풍족한 물질이 모든 것을 해결해준다는 생각으로 아이를 교육한다면 결국 자기가 가진 소리를 내지 못하는 아이가 된다.

어울려 사는 일, 더불어 사는 일을 가르치는 일은 멋진 아이의 음을 세상에 울리게 하는 일이다. 남을 위하고 배려하는 마음을 가지도록 가르치는 일이야말로 변화하는 세상의 흐름에 잘 적응하는 아이로 자라게 하는 것이다. 세상은 사람들과 즐겁게 어울려 잘 지내는 사람에게 감동한다.

종편 TV에서 지역사회활동가인 청년 의사의 생활을 소개한 프로그램을 본 적이 있다. 물질적 풍요가 보장된 의사의 길을 마다하고, 병원 밖 세상에서 사람들을 도와주면서 살고 있었다. 의사는 다른 사람의 건강한 삶을 위해 존재한다는 본연의 의미에 따라 선택한 길이라 후회가 없다고 말했다. 이 청년 의사의 뜻이 마중물이 되어 그 지역 변화에 동참하려는 사람들이 하나둘 모이면서 열악한 지역 환경이 조금씩 개선되고 있었다.

어울려 사는 삶, 더불어 사는 삶

며칠 전 신문에서 사진 한 장을 보았다. 특수학교 설립을 막는 주민들에게 무릎을 꿇어 호소하며 눈물을 흘리는 특수아 엄마들 모습을 담고 있었다. 주민들은 장애아동을 기피와 혐오 대상으로 생각하여 특수학교가 설립될 경우 집값이 하락한다는 이유로 반대를 하고 있었다.

'차이'의 인정이 아닌 '차별'하는 어른들의 차가운 냉대를 보면서 아이들도 약자는 무시해도 되는 존재이며 나의 이익을 우선시하는 것이 문제가 되지 않는다고 인식한다. 어쩌면 계속적으로 사회문제가 되고 있는 왕따나 학교폭력 문제는 이런 어른들 모습의 예견된 결과인지 모른다. 지금 엄마로서 아이에게 어떤 모습을 보여주고 있는지 한 번쯤 생각해보아야 한다. 내 아이, 내 가족만을 챙기는 일이 누구를 위한 일인지 냉철하게 생각해봐야 한다. 남을 위해 뭔가를 할 수 있다는 그 자체만으로도 큰 기쁨을 느낄 수 있는 아이로 자라게 하는 것이 바로 내 아이를 진정 사랑하는 길이 아닐까?

지금 대한민국은 여기저기서 분노가 들끓고 있나. 다른 차가 자신의 차를 가로막는다고 폭력을 휘두르고, 지나가는 사람을 마구 때리고, 권력을 이용해서 약한 자를 함부로 대하는 행위들은 더불어 살아가는 삶의 소중함을 망각한 부끄러운 모양새의 결과이다.

누군가에게 도움이 되는 사람, 누군가를 위해 무언가를 해줄 수 있는 사람, 그리고 함께 즐거움을 나눌 수 있는 상생의 고귀한 가치를 가르치는 일은 건강한 사회를 만드는 길이다. 어울려 사는 삶, 더불어 사는 삶이 바로 우리 아이들이 잘살 수 있는 세상이다.

05

자생력 있는 아이로 키우기

아이에게 조그마한 이상만 생겨도 불안해하며 과보호하는 모습을 단적으로 설명하는 단어가 바로 '헬리콥터맘'이다. 우리나라의 산업화가 한창 진행되던 시기 뜨거운 교육열을 대변하던 '치맛바람'에서 그 정도가 더해져 파생된 듯하다.

헬리콥터맘은 아이 주변에서 맴돌면서 온갖 일을 다 참견하고 아이의 일이라면 무엇이든지 발 벗고 나선다. 아이의 기를 살려준다는 이유에서 아이가 잘못을 해도 꾸짖지 않고 너그럽게 수용한다. 학교에서 친구와 갈등으로 싸움을 하면 엄마들이 학교를 방문하여 직접 해결한다고 야단들이다. 아이에게 귀하고 좋은 것만 먹이고 입히려 하고, 좋은 환경에서 공부할 수 있게 하려고 무리를 해서라도 뒷바라지를 한다.

아이 스스로 결정한 일은 모두 세상을 잘 몰라서 하는 철없는 행동으로 치부하여 신뢰하지 않고, 작은 모험도 위험한 일이라면 허락하지 않는다. 친구 선택에서부터, 대학, 전공, 직업, 직장까지 엄마가 뜻대로 한다. 심지어 결혼할 배우자도 엄마의 기준에 맞는 사람이어야 한다. 요즘은 이혼문제도 엄마의 결정을 따르는 시대가 되었다.

이런 아이들은 어떤 일을 스스로 하려는 의욕이 없고, 무언가를 결정하는 것에도 어려움을 느낀다. 소위 '결정장애' 어른이 된다. 또한 이런 아이들은 책임감이 결여된 성인으로 자랄 가능성이 높다. 넘치는 것은 모자람만 못하다는 말처럼 과잉보호는 아이가 풍부한 경험의 세상을 만나 자신의 미래를 설계할 기회를 잃게 하고 무기력하게 만든다.

과잉보호와 자생력 결핍

고등학교 1학년 소희는 무단결석에 가출을 밥 먹듯이 하는 아이였다. 중학교 2학년 때 아빠가 간암으로 돌아가셔서 엄마가 아빠의 사업체를 운영하고 있었다. 소희는 아빠가 입원해서 수술을 두 번 받는 상황에서도 가출을 하고 친구들과 어울려 다니면서 담배를 피우고 술을 마셨다. 이런 탈선 행동은 초등학교 5학년 때부터 시작되었다. 아빠 사업이 잘되어 경제적으로 풍족하자 엄마는 첫 딸인 소희에게 모든 관심을 집중했다. 소희는 아침부터 저녁까지 엄마의 '관심병'이 되어 일거수일투족을 간섭받으며 자랐다.

소희는 자신의 문제행동은 다 엄마 탓이라며 자신은 책임이 없다고 말하면서 자유를 빼앗긴 자신이 얼마나 답답하고 힘들었는지 모를 거라고 했다. 나는 소희에게 지금의 행동들이 계속 엄마에게 자신을 저당 잡힌 채 살아가는 모습은 아닌지 되짚어보게 했다. 소희는 그렇게 엄마에게서 벗어나고 싶어 하면서도 스스로 엄마에게 예속되어 있었다. 과잉보호하는 비합리적인 엄마를 미워하면서 소희 자신도 비정상적인 행동으로 자신의 삶을 과잉 낭비하고 있지 않은지 생각하는 시간을 가졌다.

소희는 일찍 결혼해서 엄마로부터 벗어나고 싶어 했다. 그런 소희에게 어떤 엄마가 되고 싶은지, 어떤 엄마가 좋은 엄마 모습인지, 지금의 자신의 행동이 나중에 만날 아이에게 말할 수 있는 떳떳한 행동인지에 대해 이야기를 나누었다. 이런 과정 속에서 엄마에 대한 원망의 마음도 조금씩 희석되어갔다.

소희와 반대로, 엄마의 과보호가 아주 소극적인 아이로 자라게 하는 경우도 있다. 마마보이, 마마걸이 그 예다. 나이가 들어서도 자신의 모든 것을 부모가 옆에서 도와주고 해결해주길 바라게 되고, 직장에 가서도 누군가가 부모를 대신하여 자신의 문제를 해결해주길 기대한다.

대학에 있는 한 선배는 성적이 나오는 시기가 되면 엄마들의 항의성 전화와 문자 때문에 다른 일을 볼 수 없을 지경이라고 했다. 중소기업을 운영하는 지인은 회사 회식 자리에서 당황스런 전화를 받은 경험을 얘기했다. 신입사원 엄마가 전화를 해서 자신의 아들은 몸이 약하기 때문에 밤늦게까지 하는 회식 자리는 빼달라고 했다는 것이다. 대학병원 수간호사 후배는 최근 간호사들이 퇴사하겠다는 의사전달을 엄마가 전화로 한다면서 한숨 지었다. 이러다가 자생력 결핍 사회가 되지 않을까 걱정이다.

인생의 길에 맞서 이겨내는 자유이용권

자녀 교육의 목표는 아이가 건강하게 자라서 부모로부터 독립하고 스스로 살아가도록 도와주는 데 있다. 그런데 많은 엄마들은 아이들이 스스로 무엇을 결정하고 실행할 수 있는 기회를 좀처럼 주지 않는다. 이런 상태로 자라면 성인이 되어서도 스스로 판단하고 행동할 수 없다. 힘든 일이 생기면 스스로 해결하려고 시도하기보다 무조건 부모에게 기대려 한다. 또한 소희의 사례처럼 처음에는 엄마의 관심이 고마웠지만, 살아가면서 점점 더 엄마를 원망하게 된다.

우리에게 《노인과 바다》로 잘 알려진 소설가 헤밍웨이는 여덟 살 무렵부터 혼자서 낚시와 사냥을 하며 자유롭고 즐겁게 놀았다고 한다. 이것은 독립적이고 자율적으로 아들을 성장시키려는 아버지의 교육 방식 때문이었다. 이런 아버지 덕분에 헤밍웨이는 삶의 깊이 있는 통찰과 성숙된 삶의 가치를 알게 되어 위대한 작가로 성장할 수 있었다.

아이에게 작은 일부터 스스로 할 기회를 제공하여 성취의 기쁨을 맛보게 해야 한다. 그리고 그 과정에서 실패를 하더라도 진심어린 격려를 해주어야 한다. 그래야 다시 일어나 도전하려는 용기를 얻고, 자신의 일에 대해 자신감과 신뢰감을 갖는다. 진정한 엄마 사랑은 아이가 도전과 모험의 바다에 뛰어들어 씩씩하게 헤쳐나갈 수 있도록 지지와 격려를 보내는 것이다.

아이들은 일상생활 속 체험을 통해 생각하고 호기심을 느끼고, 이것을 알기 위해 무언가를 배우려는 마음이 작동한다. 아이가 많은 것을 배우기를 원하면서도 아이러니하게도 엄마들이 그것을 막고 있다. 아이에게 자유롭고 당당하게 인생의 길을 걷도록 해야 한다. 그 길 위에서 많은 사람을 만나 한층 더 넓고 풍부한 세상을 경험할 것이다.

걷다 보면 뜻하지 않는 난관을 만나기도 하고, 위험한 상황에도 부딪힐 것이다. 그 속에서 혹여나 다치고 상처가 날까 불안해 과잉보호를 하기보다는 인생의 길에 맞서 이겨낼 수 있도록 아이에게 자유이용권을 주어야 한다. 아이 스스로 세상을 보고 다양한 경험을 겪을 수 있는 기회를 제공하는 자율성 교육이 요즘 엄마들이 바라는 엄친아, 엄친딸을 만드는 좋은 방법이라 생각한다.

참고문헌

〈도서 및 논문〉

강석훈, 《부모의 생각혁명》, 하늘아래, 2017.

강현식 · 박지영, 《아이를 잘 키우는 16가지 심리법칙》, 푸른육아, 2015.

게리 맥케이 · 돈 딩크마이어, 김유광 옮김, 《아들러의 감정수업》, 시목, 2017.

고영성, 《부모공부》, 스마트북스, 2016.

곽금주, 《발달심리학》, 학지사, 2016.

권수영, 《거울부모》, 울림사, 2007.

김유숙, 《아동과 청소년 심리치료》, 학지사, 2014.

김현옥, 《공감》, 비전과리더십, 2014.

김혜진, 《딸에 대하여》, 민음사, 2017.

니나 브라운, 이양원 옮김, 《철없는 부모》, 모멘토, 2006.

데보라 태넌, 김고명 옮김, 《엄마, 왜 나한테 그렇게 말해?》, 예담, 2017.

데이비드 셰퍼 · 캐러린 킵, 송길연 외 옮김, 《발달 심리학》, 박영story, 2014.

로리 홀먼, 김세영 옮김, 《부모지능》, 예문아카이브, 2017.

로버트 존슨, 고혜경 옮김 《당신의 그림자가 울고 있다》, 에코의 서재, 2007.

롤프 메르클레 · 도리스 볼프, 유영미 옮김, 《감정사용설명서》, 생각의 날개, 2010.

마야 안젤루, 이은선 옮김, 《딸에게 보내는 편지》, 문학동네, 2010.

마이클 서덤 게로, 허재홍 옮김, 《정서조절을 이용한 아동 · 청소년 상담》, 학지사, 2016.

메리 고든, 문희경 옮김, 《공감의 뿌리》, 샨티, 2010.

문미화 · 민병훈, 《내 아이 남다르게 키우는 자녀 교육법》, 대산, 2002.

문은희, 《엄마가 아이를 아프게 한다》, 예담, 2016.

미쉘 라로위, 김선희 옮김, 《우리 아이 처음 버릇》, 프리미엄북스, 2010.

박성연 · 전춘애 · 한세영, 〈아동과 어머니의 기질 및 어머니의 양육 스트레스에 따른 양육 행동에 관한 연구〉, 대한가정학회지, 34(4), 1996, pp.203~215.

박성희, 《공감》, 이너북스, 2009.

박용철, 《감정은 습관이다》, 추수밭, 2013.

백승헌, 《왕처럼 키워라》, 이지북, 2016.

법륜, 《엄마 수업》, 한겨레출판, 2012.

변광호, 《E형 인간》, 불광출판사, 2017.

브라이언 토네 · 페터 샌더스, 박외숙 · 고향자 옮김, 《칼 로저스》, 학지사, 2017.

사이토 다마키, 전경아 옮김, 《나는 엄마가 힘들다》, 책세상, 2017.

서울디지털대학교, 〈부모교육론〉, 2017.

서천석, 《그림책으로 읽는 아이들 마음》, 창비, 2015.

서천석, 《아이와 함께 자라는 부모》, 창비, 2013.

신현균, 《아동심리치료의 실제》, 학지사, 2014.

안느 바커스, 최연순 옮김, 《프랑스 엄마 수업》, 북로그컴퍼니, 2014.

앨리슨 셰이퍼, 윤승희 옮김, 《좋은 엄마의 두 얼굴》, 아름다운사람들, 2017.

오은영, 《내 아이가 힘겨운 부모들에게》, 녹색지팡이.

오은영, 《불안한 엄마, 무관심한 아빠》, 김영사, 2017.

오제은, 《자기사랑노트》, 샨티, 2009.

월명, 《소통과 배려》, 희망꽃, 2017.

윌리엄 시어스, 마사 시어스, 엘리자베스 팬틀리, 노혜숙 옮김, 《애착 육아》, 푸른육아, 2016.

유대교 랍비, 《탈무드》, 더클래식, 2017.

이대희, 《밥상머리 자녀교육법》, 베이직북스, 2017.

이보연, 《애착 육아의 기적》, 예담, 2017.

이성조, 《그래도 행복해 그래서 성공해》, 영감의 언어, 2017.

이시형, 《부모라면 자기조절력부터》, 지식플러스, 2016.

이시형, 《엄마 그렇게 키워선 안 됩니다》, 풀잎, 2014.

이시형, 《아빠 그렇게 키워선 안 됩니다》, 풀잎, 2014.

이유남, 《엄마 반성문》, 덴스토리, 2017.
이임숙, 《엄마의 말공부》, 카시오페아, 2015.
이정화, 〈위기청소년의 가정환경과 심리특성 연구 : 초등학생을 중심으로〉, 인하대학교 교육대학원, 석사학위논문, 2013.
이지영, 《나는 왜 감정에 서툴까?》, 청림출판, 2014.
이지영, 《정서조절 코칭북》, 시그마프레스, 2011.
이현준 · 황태섭, 《습의 시대》, 트러스트북스, 2017.
이형진, 《마음씨네 탈무드 학교》, 꿈꾸는 초승달, 2015.
임경수, 《애착이론과 역기능 발달 상담》, 학지사, 2014.
임영주, 《우리 아이를 위한 자존감 수업》, 원앤원에듀, 2017.
저스틴 최, 《자녀교육 콘서트》, 베이직북스, 2013.
전영철 · 전샛별, 《격대교육이 오바마를 만들었다》, 아름다운 사람들, 2010.
정학경, 《내 아이의 미래력》, 라이팅하우스, 2017.
제러미 홈메스, 이경숙 옮김, 《존 볼비와 애착이론》, 학지사, 2014.
조남주, 《82년생 김지영》, 민음사, 2016.
조디 피오리니 · 조디 멀린, 하정희 옮김, 《슬픔과 상실을 겪은 아동 · 청소년 상담 및 사례》, 학지사, 2016.
조선미, 《영혼이 강한 아이로 키워라》, 샘앤파커스, 2013.
조지 베일런트, 이덕남, 《행복의 조건》, 프런티어, 2010.
존 가트맨 · 조벽 · 최성애, 《내 아이를 위한 감정코칭》, 한국경제신문, 2011.
존 브래드쇼우, 오제은 옮김, 《상처받은 내면아이 치유》, 학지사, 2004.
중앙M&B 편집부, 《3세 아이에게 꼭 해줘야 할 49가지》, 중앙M&B, 2010.
진 머서, 이주현 옮김, 《아동발달》, 명인문화사, 2011.
천성문, 《부모교육 코칭전략과 실제》, 박영스토리, 2016.
최성애 · 조벽, 《청소년 감정코칭》, 해냄, 2012.
최향기, 《영국 엄마의 힘》, 황소북스, 2016.
칼 비테, 김운국 옮김, 《고마워 큰 인재로 자라줘서》, 리더북스, 2015.
칼 비테, 김일형 옮김, 《칼비테 교육법》, 차이정원, 2017.

캐럴 드웩, 김준수 옮김, 《마인드셋》, 스몰빅라이프, 2017.
캐서린 겔다드 · 데이비드 겔다드 · 레베카 얀 푸, 이희영 외 옮김, 《아동상담》, 시그마프레스, 2017.
켄 블랜차드, 이제용 옮김, 《배려를 파는 가게》, 한국경제신문, 2017.
클라우스 슈밥, 송경진 옮김, 《제 4차 산업혁명》, 새로운 현재, 2016.
펠리치타스 뢰머, 윤혜정 옮김, 《나쁜 엄마는 없다》, 이다, 2016.
프란스 드 발, 최재천 옮김, 《공감의 시대》, 김영사, 2017.
하정옥, 〈유아의 연령, 성별 및 기질에 따른 어머니의 양육 스트레스와 대처행동〉, 한국사회복지지원학회, 2009.
한겨레 베이비트리 엮음, 《고마워, 내 아이가 되어줘서》, 북하우스, 2015.
한상복, 《배려》, 위즈덤하우스, 2006.
한성희, 《딸에게 보내는 심리학 편지》, 갤리온, 2003.

Baumrind, D., Effective parenting during the early adolescent transition. In P. A. Cowan & M. Heatherington (Eds.), Family transitions (pp.111–164). Hillsdale, NJ: Erlbaum, 1991.
EBS LIVE TALK 부모 제작팀, 《EBS 부모》, 경향미디어, 2016.
EBS 감정시대 제작팀, 《감정시대》, 월북, 2017.
EBS 〈마더쇼트〉 제작, 《마더쇼크》, 중앙북스, 2012.
SBS 스페셜 부모 vs 학부모 제작팀, 《부모 vs 학부모》, 예담, 2014.
Simon, R. L., Beaman, j., Conger, R. D., & Chao, W., Stress, support and antisocial behavior trait as determinants of emotional well–bing and parenting practices among single mother. Journal of Marriage and the Family, 55, 1993, pp.385–389.

〈신문, 사이트〉
통계청, http://kostat.go.kr
신상목, "세계 최장 공부시간...지친 다음 세대에게 안식을 주어라", 국민일보, 2016. 5. 5.
정가영, "툭하면 연장 근무...규모, 업종 구분 없이 묻지마 노동", 세계일보, 2017. 5. 24.

부모공감, http://www.bumoschool.com.

커리어, http://www.career.co.kr, 2013.

서울특별시교육청, http://nowseouledu.com, 2016.

한국경제신문, http://land.hankyung.com, 2017. 3. 21.

박효정 칼럼, 〈부부싸움이 자녀에게 미치는 영향〉, 대구신문, 2017. 6. 15.

고용노용부, http://www.moel.go.kr

〈영상〉

TBC, 〈토크콘서트-고미숙〉, '청년들을 위한 길 위의 인문학', 2017. 11. 16.

TBC, 〈계명인문융합포럼-윤종록〉, '4차 산업혁명시대, 인문학적 통찰, 상상력', 2017.12.12.

JTBC, 〈차이나는 클라스-조한혜정〉, '선망(先望)이냐, 선망(羨望)이냐', 2017. 12. 20.

북큐레이션 • 내 아이를 주도적이고 자존감 높은 사람으로 키우고 싶은 부모들이 『엄마 자격증』과 함께 읽으면 좋은 책!

한 가정의 경영자로서 부모가 바로 서고, 모든 문제의 답을 가진 아이를 존중하고, 부모의 감정을 조절하는 법을 알며, 이끌기보다 함께 성장하는 자녀 코칭 방법을 터득하면 아이와 부모가 행복합니다.

우리 아이 미래 생존력을 키워주는 자존감 습관

우리 아이 30일 자존감 노트

조은혜 지음 | 12,000원

어머님, 지금 올려줘야 할 것은 성적이 아니라 자존감입니다!

현직 교사인 저자가 실제 교육 현장에서 아이들을 관찰하고 학부모와 면담하며 발견한 '자존감 습관'을 담아낸 책이다. 생생하고 풍부한 현장 경험을 바탕으로 상황별, 아이 유형별, 학년별로 어떤 습관이 필요한지 친절하게 안내해준다. 또 학교에서 아이들과 겪은 에피소드를 중심으로 설명함으로써 부모들은 마치 상담을 받는 듯한 기분으로 편안하게 읽을 수 있다.

이 책을 통해 자신의 소중한 가치를 아는 아이, 스스로의 능력을 믿고 노력하는 아이, 어떤 상황에서도 흔들리지 않는 단단한 아이로 키우는 방법을 배워보자.

미래를 준비하는 현명한 부모의 필독서

내 아이 4차 산업혁명 시대의 인재로 키우기

이정숙 지음 | 13,800원

4차 산업혁명 시대 인재 육성을 위한 최초의 부모 지침서!

"4차 산업혁명 시대가 도래했다." 미디어마다 4차 산업혁명의 중요성을 이야기한다. 곧 로봇이 인간의 일자리를 대체할 것이고, 우리가 아는 많은 직업이 사라질 것이라고 한다. 그러나 아직도 많은 부모들은 자신들이 공부했던 때를 떠올리며 아직도 오직 명망 높은 대학 입학에만 관심을 두고 있다.

교육학 박사이자, 30년 넘게 학원 원장으로 교육 현장에서 아이들과 함께한 저자는 이 책에서 미래 교육의 흐름인 4차 산업 시대를 강조하고 예측하며 이에 맞는 공부 방향을 제시하고, 3천 명이 넘는 아이들을 마주하며 알게 된 효과적인 사춘기 시절을 보내는 방법, 사춘기 아이 독려 방법, 창의력 계발 방법, 자기 관리법 등을 소개한다.

여섯 살, 미술 공부를 시작할 나이

이유미 지음 | 13,800원

말하고 표현하고 만지고 느끼는 법을 알려주는
창의 미술교육 교과서

이 책은 남해의 작은 마음에서 원생 두 명으로 시작한 미술교육원 이원아 300명의 큰 규모로 성장시킨 저자의 개인 맞춤형 미술교육 철학을 담고 있다. 미술교육의 방법론뿐만 아니라 미술교육의 가치를 알림으로써 아이들이 주도적으로 행복한 삶을 이끌어줄 소통법도 소개한다. 일회성 교육이 아니라 표현력, 어휘력, 기획력, 창의력까지 기르는 훌륭한 도구로 미술교육을 활용하는 법을 알 수 있다.

한 권으로 끝내는 초등 독서법

최원일 지음 | 15,000원

내 아이를 미래 능력자로 길러줄
학습, 재능, 인성 통합 코칭 솔루션

현직 교사의 생생한 독서활동 보고서이자 성장 보고서, 아이들에게 평생 자산이 될 살아 있는 표준 독서법 지침서다. 14년 차 초등학교 교사인 저자는 수년간 아이들과 함께 좌충우돌 파란만장 책 읽기 항해를 거듭하여 재능과 적성을 설계해주고 인성까지 통합적으로 양성해주는 획기적인 독서법을 제안한다. 아이들의 앞날을 고민하며 길을 찾는 부모들과 교사들에게 책 읽기의 가치를 재발견하고, 그 위력을 실감할 소중한 기회가 되어줄 것이다.